Mama, das schmeckt super!

Die heimlich gesunden Lieblingsgerichte Ihrer Kinder

Jessica Seinfeld

Mosaik bei
GOLDMANN

1. Auflage
Deutsche Erstausgabe August 2008
© 2008 der deutschsprachigen Ausgabe Wilhelm Goldmann Verlag, München,
in der Verlagsgruppe Random House GmbH
© 2007 der englischsprachigen Originalausgabe Departure Productions, LLC
Originaltitel: Deceptively Delicious. Simple Secrets to Get Your Kids Eating Good Food
Originalverlag: HarperCollins Publishers
Produktion: Melcher Media
Fotos: Lisa Hubbard
Illustrationen: Steve Vance
Gestaltung: Headcase Design
Übersetzung: Imke Brodersen
Redaktion: Ruth Wiebusch
Satz: Uhl + Massopust, Aalen

CH · Herstellung: IH
Printed in China
ISBN 978-3-442-39151-6

www.mosaik-goldmann.de

Für Jerry, Sascha, Julian und Shepherd –
danke, dass ihr mich jeden Tag
mit Liebe erfüllt.

J. S.

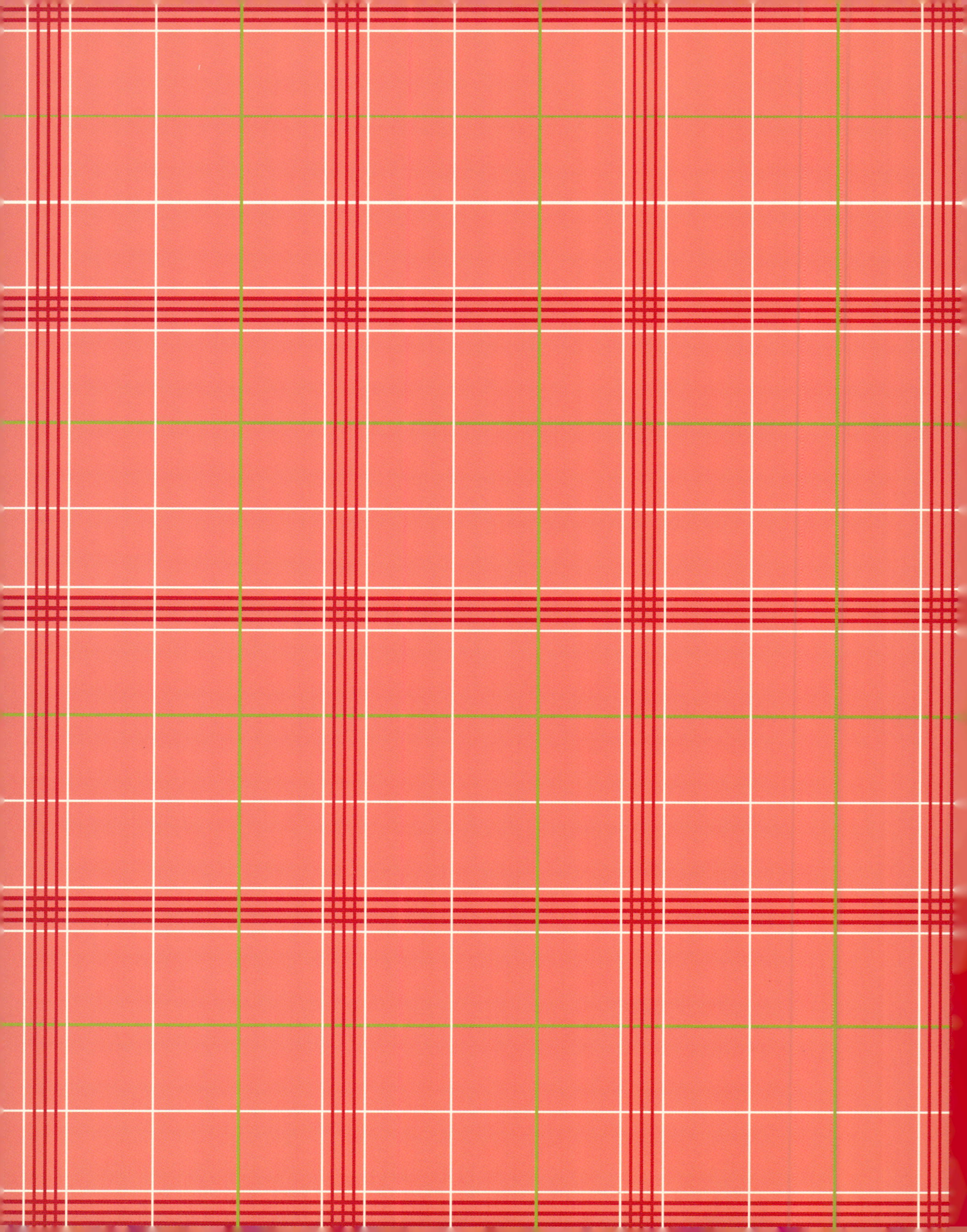

INHALT

VORWORT

von Dr. Roxana Mehran und Dr. Mehmet Oz

Es ist sieben Uhr morgens, und im Krankenhaus steht die Frühbesprechung an. Aber vorher muss ich noch schnell meine drei Töchter für die Schule fertig machen und darauf achten, dass ihr Tag mit einem gesunden Frühstück beginnt. Bekommen sie ausreichend Ballaststoffe und Vitamine? Oder essen sie zu viel Fett und Zucker? Später, beim ersten Patienten – einer extrem übergewichtigen Diabetikerin von 35 Jahren mit verstopften Arterien –, denke ich wieder daran, wie wichtig es ist, meine Töchter vor Herzerkrankungen zu schützen.

Mein Freund und Kollege, Dr. Mehmet Oz, Herzchirurg an der Columbia University und langjähriger Verfechter einer gesunden Lebensweise, sorgt sich als vierfacher Vater ebenso um seine Familie. Als Ärzte im Dienst herzkranker Patienten haben wir schon zu viele junge Menschen mit frühzeitig blockierten Arterien erlebt und behandelt.

Die Erkrankungen unserer Herzpatienten sind schwerer und zugleich sind diese Menschen jünger denn je. Eine beunruhigende Entwicklung, denn das Leben unserer Kinder könnte früher enden als das ihrer Eltern. Wir wissen, dass man Herzerkrankungen durch gesunde Ernährung weitgehend vermeiden kann, und als Ärzte ist es unsere Aufgabe, den Patienten eine bessere Lebensweise zu zeigen. Als Eltern wissen wir außerdem, wie wichtig es ist, unsere Kinder früh an das Gute zu gewöhnen.

Ironischerweise sind sich die meisten Menschen der Grundlagen einer gesunden Ernährung bewusst. Ihnen ist klar, dass sie mehr Gemüse und Obst essen und zu viel Weißmehl, Zucker und gehärtete Fette meiden sollten. Aber es scheint eine enorme

Herausforderung zu sein, jeden Tag Frisches zu sich zu nehmen und eingeschliffene Ernährungsgewohnheiten zu verändern.

Tatsache ist, dass Gemüseverzehr der Eckpfeiler jeder Diät ist, ob fürs Herz, bei Diabetes oder zur Gewichtsabnahme. Auch die vegetarische Ernährung, die Mittelmeerdiät und andere regionale Ernährungsformen basieren auf Gemüse, aber viele Menschen essen dennoch anders. Leider, denn Obst und Gemüse enthalten reichlich Vitamine, Mineralstoffe und Ballaststoffe – Nährstoffe, die unseren Körper stärken und ihm helfen, sich gesund zu entwickeln.

Wir alle kennen die Auseinandersetzungen mit unseren Kindern zum Thema Gemüse. Häufig verlaufen sie so enttäuschend, dass man am liebsten aufgeben möchte. Hier kommt *Mama, das schmeckt super!* ins Spiel. Die leckeren Rezepte in diesem Buch machen die Geschmacksknospen unserer Kinder mit ausgewogenem, gesundem Essen vertraut, und dennoch bekommen die Kinder, was sie mögen. Später werden sie von selbst zu Gemüse greifen, denn schließlich waren ihre Hähnchenteilchen schon immer damit paniert!

Jessica Seinfeld stellt sich dem Grundproblem, an dem es oft hapert: der praktischen Umsetzung. Zunächst erklärt sie genau, welche Küchengeräte Sie brauchen. Anschließend zeigt sie, wie man ganz leicht gesunde Mahlzeiten zaubern kann. Der Zeitaufwand ist minimal, so dass der Tagesablauf nicht gestört wird. Das langfristige Wohlergehen unserer Familie ist ohnehin weitaus wichtiger als der Zusatzaufwand für ihre Ernährung.

Dieses Buch bietet einen innovativen Ansatz zur gesunden Ernährung unserer Kinder von frühester Jugend an – ohne großen Stress für Eltern oder Kinder. Dabei vermittelt es die Erfahrungen einer liebevollen Mutter. Die Autorin hat jede denkbare Möglichkeit ausprobiert, ihre Familie ausgewogen zu ernähren, und möchte ihre erfolgversprechenden Erkenntnisse nun mit anderen teilen. Dabei hat sie ganze Arbeit geleistet, von der wir nun profitieren können. Ihre einfache, praktische Idee und deren erfolgreiche Umsetzung haben uns beeindruckt. Wir hoffen, dass viele Eltern dieses Buch lesen und die Informationen darin künftig beim Kochen für die Familie anwenden werden.

       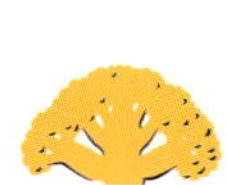  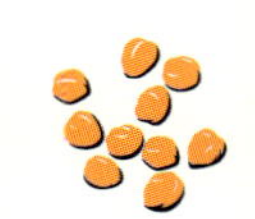

e Bohnen   Artischocke   Ananas   Pilze   Himbeeren   Kürbis   Kirschen   Blumenkohl   Paprika   Kichererbsen

EINLEITUNG

Mühsame Mahlzeiten

Ich habe wirklich viel probiert, aber all meine Bemühungen, die Familie gesund zu ernähren, wurden von einem mächtigen Gegner unterminiert: dem Gemüse. Die Mahlzeiten waren ein ewiges Gezerre – ich flehte meine Kinder an, doch bitte ihr Gemüse zu essen, während sie unglücklich vor sich hin maulten. Anstatt ausgeglichenem Familienleben gab es Ärger und Sreit. Es war unendlich mühsam, sie dazu zu bewegen, etwas »Ekliges« zu essen. Irgendwann konnte ich nicht mehr und wollte nur noch Frieden bei Tisch.

Doch dann pürierte ich eines Abends Kürbis für das Baby, während ich für den Rest der Familie Nudeln mit Käsesauce kochte. Da kam mir die verzweifelte Idee, etwas Kürbismus in die Käsesauce zu mischen. Farblich kein Problem – der Kürbis war nicht zu erkennen –, und auch die Konsistenz stimmte. Während ich allmählich mehr Püree unterrührte, schmeckte ich regelmäßig ab, ob die Käsenote noch den Kürbisgeschmack überdeckte. Die Zufriedenheit, meinen Kindern eine ordentliche Portion Gemüse unterzujubeln, wog das Gefühl, sie zu hintergehen, reichlich auf.

Dann hielt ich den Atem an.

Es funktionierte! Nichtsahnend langten meine Kinder beim Essen tüchtig zu. Ich war begeistert und musste vor mich hin lächeln, weil meine Kinder gerade ganz ohne Ermahnung Gemüse aßen. Jerry, mein Mann, platzte angesichts meiner Miene geradezu vor Neugier. Es war das erste Mal seit langem, dass ich nicht *einmal* gesagt hatte: »Esst euer Gemüse!« Und das war Glück pur!

Seitdem ist dieser gefürchtete Satz nie mehr aus meinem Mund gekommen. Ich ent-

wickelte mich zur Expertin im Pürieren und Untermischen von Gemüse – das meine Kinder ansonsten nie angerührt hätten. Die ganze Familie ist entspannter, und das gemeinsame Essen macht endlich wieder Spaß.

Seit ich Mutter bin, begreife ich, dass Eltern *unablässig* vor neuen Herausforderungen stehen. Ob Sie außer Haus arbeiten oder Ihre Kinder zu Hause versorgen – Eltern tragen viele Kämpfe aus, und gerade die ums Essen sind oft besonders unangenehm. Die Lösung sind einfache, schnelle und nahrhafte Gerichte, die unsere Kinder wirklich essen. Denn wenn ein Kind die liebevoll zubereitete Mahlzeit vom Tisch fegt oder einfach nichts isst, möchten viele Mütter am liebsten kapitulieren. Wer kann schon so viel Zeit – und Lebensmittel – verschwenden?

Die Rezepte aus *Mama, das schmeckt super!* können das ändern – mit einem einfachen, aber sehr wirkungsvollen Trick: Kinder essen in diesen Gerichten Gesundes, ohne es zu wissen und ohne sich am Geschmack zu stören, weil Möhren, Kürbis, Rote Bete oder Spinat unsichtbar sind! Püriertes Gemüse macht es möglich.

Diese Rezepte liefern die erprobte Lösung einer Mutter. Wir alle kennen die Kniffe, die wir von der eigenen Mutter, von Freunden und vom allerbesten Lehrmeister gelernt haben – dem Irrtum. Aber nicht alle müssen die gleichen Fehler machen. Hinter jedem Rezept in diesem Buch stecken zehn Varianten, die keiner – wirklich *keiner* – mochte. Solche Katastrophen kann ich Ihnen ersparen.

Ich bin keine Profiköchin, und deshalb ist für meine Rezepte keine besondere Küchenerfahrung erforderlich. Alles wurde gnadenlos von meinen eigenen Kindern und anderen Familien mit kleinen Kindern getestet. Nachdem ich wusste, was bei mir klappt, bat ich die überaus kinderliebe Köchin Jennifer Iserloh um Hilfe. Sie verwandelte meine Experimente in praktische Rezepte, die fast jeder Familie schmecken.

Ich habe Gerichte gewählt, die Eltern und Kindern zusagen werden, weil es das ist, was Kinder gern essen – Nudeln mit Käsesauce, Tacos, Hähnchennuggets, Pizza, Pfannkuchen und Kekse. Die Rezepte gelingen schnell und einfach. Die meisten Gerichte sind in einer knappen halben Stunde fertig, wobei die eigentliche Arbeit nur fünf bis zwanzig Minuten in Anspruch nimmt.

(Kochzeit und Zubereitungszeit sind bei jedem Rezept angegeben.) Und alle entsprechen den strengen Richtwerten der Ernährungsberaterin Joy Bauer.

Eines aber habe ich sowohl beim Kochen als auch von meinen drei kleinen Dickköpfen gelernt: Wer seine Familie gesund ernähren will, muss nicht nur ein Rezept nachkochen können. Damit jede (oder fast jede) Mahlzeit auch gesund ist, muss die Ernährung zur Lebensweise der Familie passen.

Deshalb finden Sie hier nicht nur einfach familienfreundliche Rezepte, sondern auch Vorschläge und Tipps von anderen Kleinkindeltern, die vielleicht auch für Sie anregend sind.

Besonders wichtig ist die Organisation: Vorbereitung spart Zeit und gibt beim Kochen Sicherheit. Bevor Sie daher zu den Rezepten kommen, erkläre ich, wie Sie die wichtigsten Küchenhelfer zusammenstellen, den Vorratsschrank mit den Basics auffüllen und die Pürees zubereiten. In einer gut ausgestatteten Küche ist Kochen ganz einfach und macht wirklich Spaß.

Außerdem habe ich die Erziehungsexperten Jean Mandelbaum und Pat Shimm um Rat gebeten. Ihre Vorschläge finden Sie als Tipps im ganzen Buch. Sie werden sehen, dass ich jemand bin, der sich gern an Regeln hält – ich brauche Struktur. Deshalb gebe ich meine Kochregeln an Sie weiter. Bei mir klappt es so am besten, aber für Sie und Ihre Familie kann natürlich etwas anderes besser sein.

Als Jerry und ich damals mit unserer Großen, Sascha, aus dem Krankenhaus kamen, haben wir uns angesehen und gesagt: »Okay – und jetzt?« Wir hatten noch keine Ahnung! War es nicht fahrlässig, uns ein so kleines Wesen anzuvertrauen? Aber um Eltern zu werden gibt es kein Patentrezept, so dass ich die folgenden sechs Jahre versuchte, jeden Tag für sich zu bewältigen und einzugreifen, wenn es nötig war. Inzwischen genieße ich es, Erziehungsprobleme zu lösen, und es macht mir nichts mehr aus, wenn ich dabei hin und wieder auf die Nase falle.

Ich hoffe, dieses Buch schenkt Ihnen die gleiche Zuversicht oder bewahrt Sie zumindest künftig vor dem Satz: »Iss dein Gemüse!« Vor allem aber hoffe ich, dass *Mama, das schmeckt super!* Ihrer Familie ausgewogene, gesunde und friedliche Mahlzeiten beschert.

GEWOHNHEITEN VERÄNDERN

Wäre es nicht herrlich, wenn Kinder mit einem angeborenen Bedürfnis nach gesundem Essen auf die Welt kämen?

Tatsächlich jedoch können Kinder angesichts des Überangebots an Nahrung – mit reichlich Ungesundem – nicht unterscheiden, was gut oder schlecht für sie ist. Diese Aufgabe müssen daher zunächst ihre Eltern übernehmen.

Außerdem ist es wichtig, Rücksicht auf persönliche Abneigungen zu nehmen. Wer Kinder zwingt, etwas zu essen, das sie nicht mögen, fördert ihren Ekel nur.

Deshalb sind kleine, liebevolle Täuschungsmanöver so hilfreich. Mit *Mama, das schmeckt super!* können Sie als Eltern Ihren Kindern das geben, was sie mögen und was sie auch brauchen. Mögliche Abneigungen der Kinder gegen bestimmte Lebensmittel müssen so nicht zu Einschränkungen führen. Ohne Machtkämpfe können Sie das Essverhalten Ihrer Kinder gezielt beeinflussen. Vor allem aber lernen Ihre Kinder von Anfang an, was gut für sie ist, damit sie auch später zu gesunden Lebensmitteln greifen.

Ohne Zwang lernt es sich am leichtesten. Auch in der Erziehung ist es von Vorteil, gute Gewohnheiten unmerklich aufzubauen. Ich möchte, dass meine Kinder Essen und Mahlzeiten mit angenehmen Gefühlen und Gesprächen verbinden, nicht mit Machtkämpfen und Streit. Mit den folgenden Rezepten ist es ganz einfach, die Frage, was Kinder essen oder nicht essen wollen, nebensächlich werden zu lassen.

MEIN KÜCHENKABINETT

Jessica

Hallo, ich bin **JESSICA**, und das ist mein Küchenkabinett – mein wichtigster Beraterstab. Meine drei Kinder sind die offiziellen Testesser und schärfsten Kritiker. Was ihnen schmeckt, könnte auch Ihren Testessern gefallen. Ich habe die Rezepte auch an ihren Freunden, Cousins und Cousinen ausprobiert, wenn sie zu Besuch waren. Einige von ihnen sind ebenfalls sehr heikle Esser.

Sascha

SASCHA, unsere Älteste, ist sechs und besonders schwer zufrieden zu stellen. Es ist praktisch unmöglich, ihr etwas recht zu machen. Von Geburt an hat sie uns sehr deutlich gezeigt, was sie mag und was nicht. Beim Essen reagiert sie überaus mäkelig und traut sich ungern an Neues heran – abgesehen von Süßem. Immerhin probiert sie alles, was auch nur entfernt an Nachtisch erinnert.

Julian

JULIAN, der Mittlere, ist vier Jahre alt. Er ist ein guter Esser, solange seine ältere Schwester ihn nicht beeinflusst. Von sich aus probiert er alles, was man ihm vorsetzt, aber in Gegenwart von Sascha unterwirft er sich ihrem Urteil. Selbst wenn ich etwas koche, was er wirklich mag, schiebt er dann den Teller weg und sagt: »Das mag ich nicht.« Somit habe ich in diesem Fall nicht nur ein, sondern zwei Kinder, die nicht essen und mit denen ich den Rest der Zeit verhandeln kann.

Shepherd

SHEPHERD, unser Jüngster, ist zwei und hat immer großen Appetit. Er isst einfach alles. ALLES. Bis ihm schlecht wird. Sein erstes Wort war »das«, was in Babysprache bedeutete: »Ich will DAS essen, das da, auf deinem Teller.«

Jerry

Mein Mann **JERRY** ist kein Kostverächter. Mit Gemüse und anderen gesunden Lebensmitteln aus meiner Küche ist er vollauf zufrieden. Eigentlich kommt er mit allem gut klar, einer der Gründe, weshalb er so ein wunderbarer Ehemann ist. Außerdem ist er ein ausgezeichneter Testesser, denn im Gegensatz zu den Kindern gibt er differenziertere Kommentare von sich als »Bäh, das ist eklig!«.

DAS PROGRAMM

Küchenhelfer, die das Kochen erleichtern (siehe Seite 18)	*Grundnah-rungsmittel, die Sie immer vorrätig haben sollten (siehe Seite 22)*	*Püreezubereitung und portions-weises Einfrieren (siehe Seite 24)*	*Die Rezepte – perfekt getarntes Gemüse! (siehe Seite 43)*

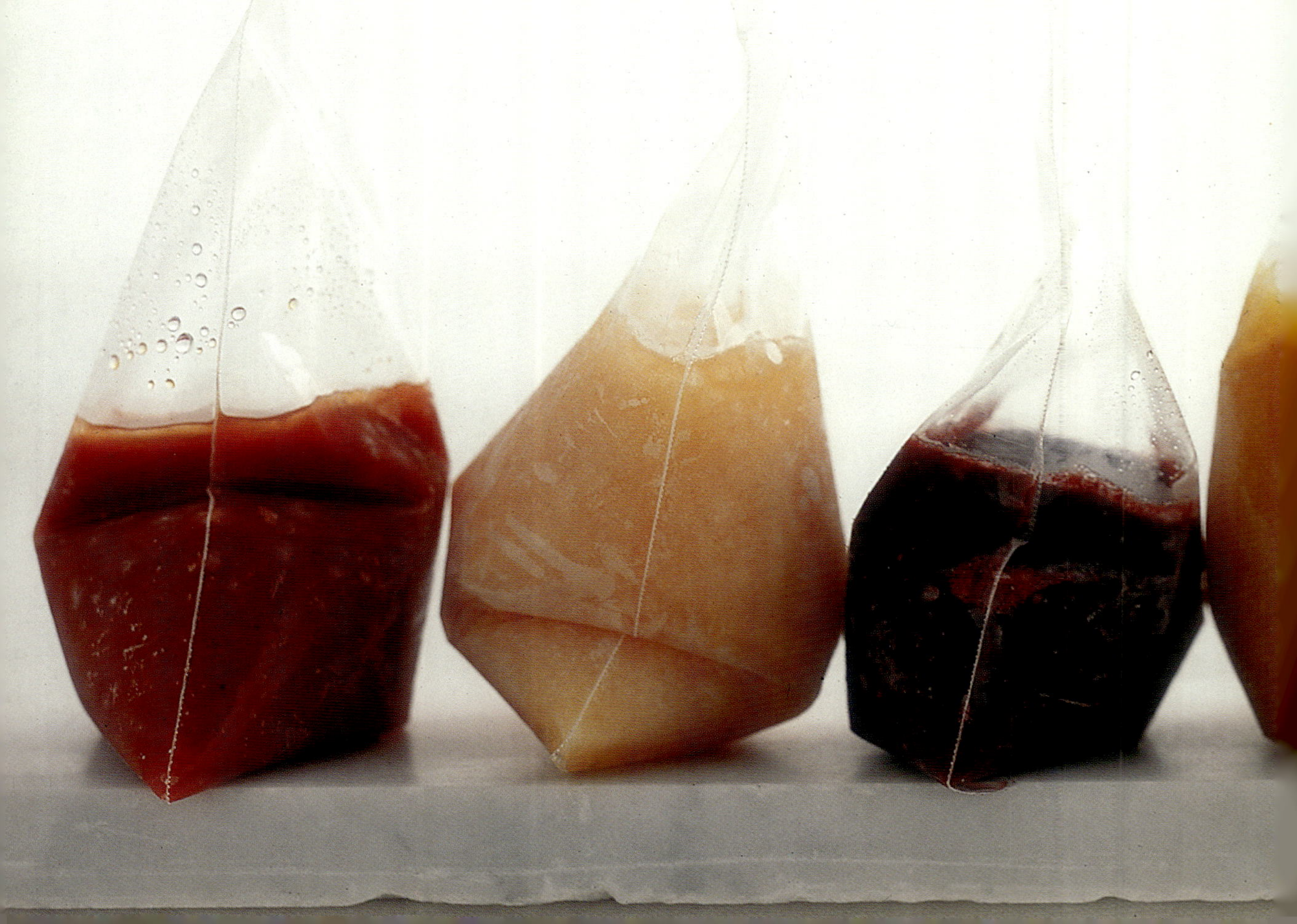

Wenn Sie hier angekommen sind, können Sie loslegen:

Um die ganze Familie ausgewogener zu ernähren, müssen Sie wahrscheinlich Ihre Kochgewohnheiten umstellen. Als Erstes brauchen Sie dazu eine Reihe einfacher Frucht- und Gemüsemuse. Das Vorbereiten, Kochen, Pürieren und Portionieren solcher Muse ist schnell und einfach zu erlernen. Anschließend ist das Mus wie alle üblichen Zutaten meiner Rezepte jederzeit verfügbar.

Für die Umstellung meiner Kochweise musste ich mein Gehirn neu programmieren und mich systematischer organisieren. Ich stelle Ihnen mein System vor, damit auch Sie zu Hause wirklich effizient arbeiten können.

Theoretisch können Sie Ihr Mus je nach Bedarf herstellen, also direkt vor der Verwendung. Bei mir zu Hause funktioniert das aber nicht. Wenn ich eine Packung Kürbismus aus dem Gefrierfach hole, kann ich meinen Kindern zwanzig Minuten später Makkaroni mit Käsesauce servieren, ob ich den Kürbis nun einem Fertiggericht oder einem eigenen Rezept zufüge. Wenn kein Mus parat liegt, heißt es wieder: »Esst euer Gemüse.«

Betrachten Sie mich als Ihre persönliche Küchentrainerin. Wenn Sie pro Woche nur ungefähr eine Stunde Gemüse und Obst pürieren, ist immer etwas zur Hand. Natürlich haben Sie dazu nicht jede Woche Lust – aber zum Sport gehen Sie ja auch trotz Schweinehund, oder? Sie werden bald merken, was Sie davon haben. Je mehr sich verändert, desto weniger bemerken Sie die zwei bis fünf Minuten fürs Pürieren und finden immer wieder Zeit dafür. Und bald ist es – wie so vieles andere – Gewohnheit.

KÜCHENAUSSTATTUNG

*Ein paar unverzichtbare Helfer für die effiziente
Zubereitung von Mus und Püree*

Gut ist es, wenn Sie große wie kleine Küchengeräte zum Pürieren zur Verfügung haben – zum Beispiel eine Küchenmaschine und einen Pürierstab. Die Küchenmaschine eignet sich gut für große Portionen, doch wenn Sie nur ein Gericht vorbereiten, ist das kleine Gerät praktischer.

<table>
<tr><td>

ZUM DÄMPFEN

*Reiskochtopf, faltbarer Dämpfeinsatz
oder Nudeltopf mit Sieb zum Abgießen*

</td><td>

ZUM PÜRIEREN

*Küchenmaschine, Pürierstab oder
Mixer zum Hacken und Pürieren*

</td></tr>
<tr><td>

</td><td>

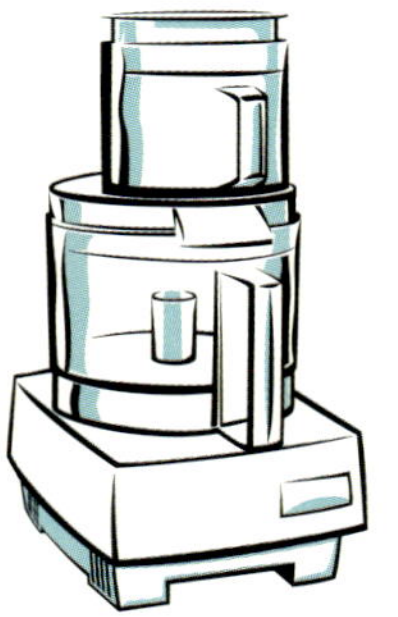

</td></tr>
<tr><td>

Ich nehme am liebsten den **elektrischen Reiskocher**, weil ich die Zeit wählen kann und der Kocher automatisch abschaltet. So kann ich in der Zwischenzeit andere Aufgaben erledigen. Wenn er fertig ist, ruft mich das Signal in die Küche zurück.

</td><td>

Manche Menschen bevorzugen **Pürierstab** oder **Mixer**, ich selbst hacke und püriere lieber mit der Küchenmaschine, weil das Mus damit etwas weicher wird.

</td></tr>
</table>

Sieb

Schneidbrett

Gemüseschäler

Langes Küchenmesser
(25 cm)

Kleines Gemüsemesser

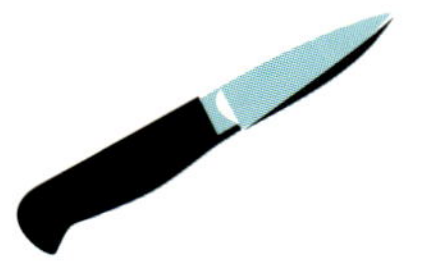

Stieltöpfe für 1 und 2 Liter

Kochtöpfe für
6 und 8 Liter

Küchenwecker

Holzlöffel:
klein, mittel und groß

Messbecher, Messlöffel

Gefrierbeutel

Wasserfeste Stifte
zum Beschriften der
Gefrierbeutel

Einweckdosen aus Kunststoff

Schere (zum Aufschneiden von Gefrierbeuteln)

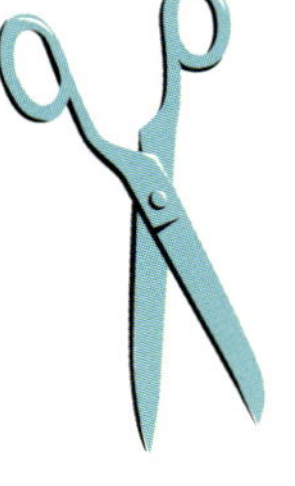

Kastenreibe

Pergamentpapier, Alufolie, Backpapier

Kartoffelstampfer

Je eine große Pfanne (30 cm) mit Antihaftbeschichtung für Herd und Ofen

Backformen

Eisformen (60 ml)

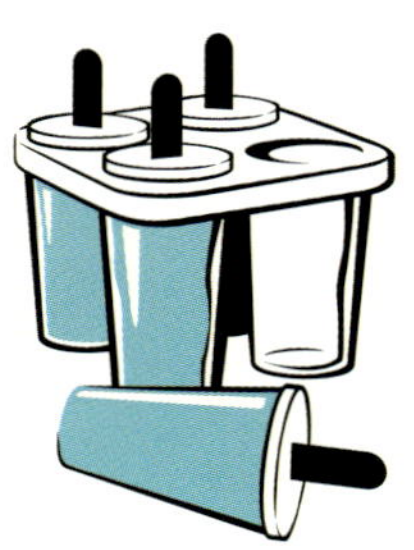

Kastenkuchenform (22 x 11 cm)

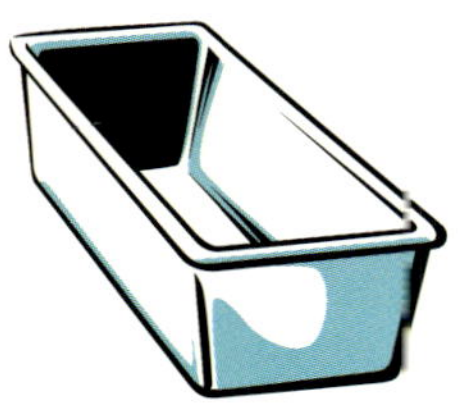

Hitzebeständiger
Silikonschaber

Rührbesen

Rührschüsseln

Eisportionierer zum Füllen
von Muffinformen

12er Muffinform
oder Donutform

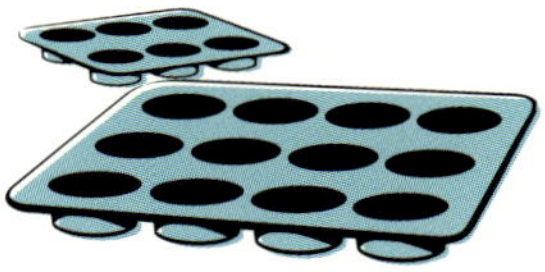

große Backbleche

Backformen (20 x 20 cm
und 22 x 30 cm)

Gitterrost

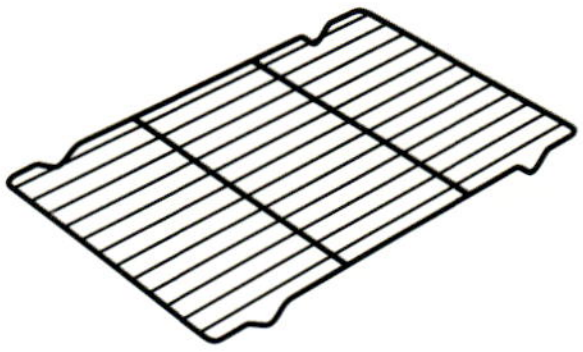

Springform von 22 cm
Durchmesser

Flache Kuchenform von
22 cm Durchmesser

Elektromixer (nicht zwin-
gend, aber empfehlenswert)

Papierförmchen

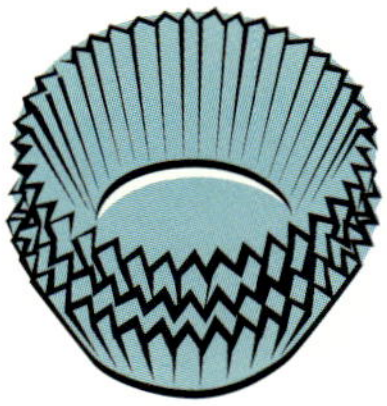

VORRATSHALTUNG

VERDERBLICHES

- Eier
- Margarine ohne gehärtete Fette (Transfettsäuren)
- Crème légère (statt saurer Sahne oder Crème fraîche)
- Naturjoghurt, fettarm
- Mayonnaise, fettarm
- Mozzarella und Cheddarkäse, fettarm
- Parmesan
- Buttermilch
- Magerquark
- Körniger Frischkäse, fettarm
- Milch, fettarm
- Weizenkeime
- Leinsamen, gemahlen (oder Schrot)

GEWÜRZE

- Salz
- Pfeffer, frisch gemahlen
- Basilikum, getrocknet
- Chilipulver
- Ingwer
- Knoblauchpulver
- Kumin
- Muskatnuss
- Nelken
- Paprikapulver
- Pimentpfeffer
- Thymian, getrocknet
- Zimt
- Zwiebelpulver

GETREIDEPRODUKTE

- Couscous
- Lasagneplatten (ohne Vorkochen)
- Naturreis
- Verschiedene Nudelsorten (möglichst Vollkorn) wie Penne, Spaghetti oder Buchstabennudeln
- Vollkornbrot
- Vollkornweizentortillas

- Bitter- oder Halbbitter-schokolade
- Apfelmark (ungesüßtes Apfelmus)
- Backnatron
- Backpulver
- Fertigmischung für Pfannkuchen
- Fertigbackmischungen für Sandkuchen, Schokoladenkuchen und Kekse
- Haferflocken (Vollkorn)
- Kakaopulver, ungesüßt
- Kartoffelmehl oder Maismehl (Stärke)
- Marshmallows
- Pflanzenöl
- Puderzucker
- Schokostreusel, halbbitter
- Trockenfrüchte (Aprikosen, Dörrpflaumen, Kirschen)
- Reiner Vanilleextrakt
- Vollkornbutterkekse, fettarm
- Walnüsse, gehackt
- Weizenmehl
- Weizenvollkornmehl
- Reiner Zitronenextrakt
- Brauner Zucker oder Rohrzucker
- Weißer Zucker (grob und fein)
- Zuckerrübensaft (Sirup)

IM SCHRANK

- Ahornsirup, ohne Zusätze
- Ananas (Dose), in Stücken, mit Saft
- Erdnusscreme ohne gehärtete Fette (Bio)
- Essig (Balsamico)
- Honig
- Hühnerbrühe, fett- und salzreduziert
- Ketchup
- Kichererbsen (Dose)
- Kidneybohnen (Dose)
- Knoblauch
- Kokosraspel, ungesüßt
- Kürbismus (selbst eingekocht, mitunter auch auf dem Wochenmarkt erhältlich)
- Olivenöl
- Paniermehl (Semmelbrösel)
- Rinderbrühe, fett- und salzreduziert
- Rote Bete (im Glas)
- Sojasauce, salzreduziert
- Sprühfett, damit nichts anbrennt, oder Butter

- Tomaten (Dose), ganz und püriert
- Tomatensauce (Glas), gute Qualität
- Weiße Bohnen (Dose)
- Worcestersauce, salzreduziert
- Zwiebeln

PÜRIEREN: SO GEHT'S!

Schritt 1

Jede Woche Zeit einplanen

Einmal pro Woche besorgen Sie frisches Obst und Gemüse für die Wochenration Mus. Dazu rechnen Sie eine Stunde pro Woche für die Zubereitung der Pürees. Ich reserviere mir dafür mit meinem Mann den Sonntagabend, sobald die Kinder im Bett sind. Wir erzählen und planen die kommende Woche, während ich vor mich hin püriere (in einer Stunde kann kiloweise Mus entstehen). Hinterher bin ich hochzufrieden.

Welches Gemüse brauchen Sie? Das hängt davon ab, was Ihr Kind vermutlich am ehesten isst. Wenn es sich gegen Grünzeug wehrt, empfehle ich für den Anfang Blumenkohl, Kürbis oder Zucchini, weil die leichter zu verstecken sind.

Und wie viel? Sie beginnen mit einem Pfund von jedem Gemüse beziehungsweise einem Blumenkohl oder einem kleinen Kürbis. Sobald Sie einen kleinen Vorrat im Gefrierschrank haben, füllen Sie regelmäßig das Verbrauchte nach.

Im Laufe der Woche kann man hin und wieder etwas mitgaren: Wenn ich den Ofen anmache, backe ich zum Beispiel nebenbei einfach ein paar Süßkartoffeln mit.

Schritt 2

Gemüse und Obst vorbereiten

1 Gemüse und Obst waschen und in einem Sieb abtropfen lassen.

2 Ein Stück Zeitung, ein Geschirrtuch oder eine aufgeschnittene Papiertüte für Schalen und Kerne auslegen.

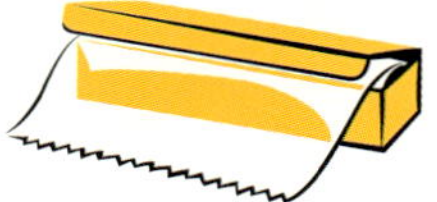

3 Gemüse und Obst je nach Sorte putzen und schneiden (siehe Seite 28).

• Manchmal greife ich auf Tiefkühlgemüse, Dosen oder Gläser zurück. Rote Bete aus dem Glas oder Ananas aus der Dose (im eigenen Saft, nicht in Zuckersirup!) ergeben sehr zartes Mus. Vor dem Pürieren abgießen.

• Wenn ich es sehr eilig habe, nehme ich auch fertig geputztes Gemüse aus dem Supermarkt. Die Stücke müssen aber frisch aussehen, nicht ausgetrocknet oder farblos.

4 Obst hat den Vorteil, dass man es nicht kochen muss. Manchmal braucht auch das Gemüse nicht gekocht zu werden, sondern wird nur mit der Küchenmaschine fein bearbeitet. Die entsprechenden Rezepte habe ich in der Regel besonders hervorgehoben.

Das Gemüse garen

Gemüse sollte man am besten **dämpfen**, um alle Nährstoffe zu erhalten. Dazu eignen sich ein Reiskocher, ein Dämpfeinsatz oder ein Nudeltopf mit Einsatz.

1 Das Gemüse schälen und zerkleinern (siehe Seite 28).

2 Den Topf 2 bis 3 cm hoch mit Wasser füllen. Dämpfeinsatz einhängen (ohne Gemüse), abdecken und das Wasser zum Kochen bringen (oder Sie richten sich nach der Bedienungsanweisung Ihres Reiskochers).

• Wer keinen Dämpftopf hat, kann sich mit einem Stieltopf behelfen: Den Topf

1 cm hoch mit Wasser füllen, Wasser zum Kochen bringen, Gemüse hinzugeben, abdecken und dünsten. Vorsicht, das Wasser verdunstet rasch, und das Gemüse brennt leicht an.

3 Gemüse in den Dämpfeinsatz geben, maximal in doppelter Lage. Abdecken und je nach Sorte einige Minuten dämpfen (siehe Seite 28).

• Wenn Sie mehrere Sorten nacheinander dämpfen, brauchen Sie jedes Mal frisches Wasser. Besonders bei grünem Gemüse wird das Wasser beim Dämpfen bitter und überträgt diesen Geschmack auch auf übrige Gemüse.

4 Gemüse durch ein Sieb abgießen.

Durch **Backen** lassen sich Süßkartoffeln, Rote Bete und der birnenförmige Butternut-Kürbis ganz leicht garen. Das Gemüse einfach ungeschält in den Ofen legen, Zeitschaltuhr einstellen und in der Zwischenzeit E-Mails abrufen oder mit Ihren Kindern spielen.

1 Ofen auf 200 °C vorheizen. Backblech mit Backpapier auslegen.

2 Gemüse vorbereiten (siehe Seite 28), auf das Backblech legen und backen, bis es zart ist.

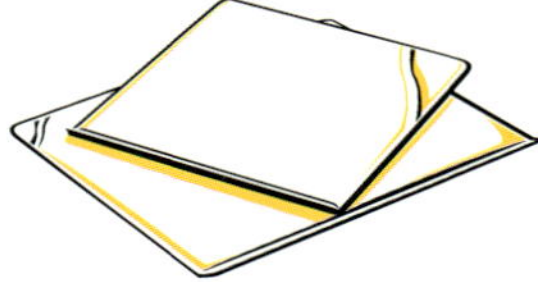

3 Beiseitestellen und etwas abkühlen lassen. Rote Bete schälen, Süßkartoffeln oder Kürbis mit einem Löffel aus der Schale lösen. Sie sollten leicht herausgleiten.

Die Zubereitung in der **Mikrowelle** geht schnell und erfordert keine besondere Ausstattung. Die Zubereitungszeiten sind je nach Gerät unterschiedlich. Mit etwas Ausprobieren wissen Sie bald, was bei Ihnen funktioniert.

1 Gemüse putzen, schälen und zerkleinern.

2 Das Gemüse in ein Glas- oder Keramikgefäß geben (kein Metall!). 2 Esslöffel Wasser hinzufügen. Lose mit Mikrowellenfolie, einem geeigneten Deckel oder Pergamentpapier abdecken.

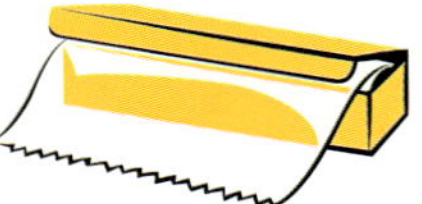

3 In 1-minütigen Intervallen erhitzen, bis das Gemüse zart ist (mit einem spitzen Messer prüfen).

Pürieren

1 Gemüse oder Obst in die Küchenmaschine oder in den Mixer geben. Deckel fest schließen und einschalten. Bei kleinen Maschinen Mahlwerk benutzen. Etwa 2 Minuten pürieren, bis die Masse cremig weich ist.

• Bananen und Avocados vorher mit der Gabel zerdrücken.

• Große Mengen in der Küchenmaschine verarbeiten. Kleingeräte eignen sich besser für kleine Mengen.

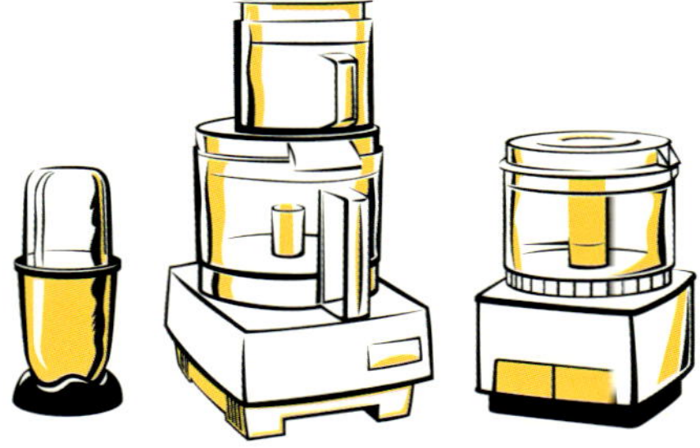

2 Bei Blumenkohl, Möhren oder Brokkoli eventuell 1 TL Wasser hinzugeben, damit das Mus wirklich weich und cremig wird.

3 Warmes Mus abkühlen lassen.

Mus portionieren und abpacken

1 Das Mus in Portionen zu je 125 ml teilen (je nach Rezept manchmal auch nur 60 ml, also eine knappe Suppenkelle). Was innerhalb der nächsten Tage verbraucht werden soll, in einen Beutel mit Zip-Verschluss geben (für längere Lagerung in Gefrierbeutel füllen).

2 Mit einem wasserfesten Stift Sorte, Menge und Herstellungsdatum auf jede Tüte schreiben, zum Beispiel: 125 ml Spinat, 24.07.08.

3 Was innerhalb der nächsten Tage verbraucht wird, im Kühlschrank lagern. Den Rest einfrieren.

• Ich verwahre die Tüten im Kühlschrank und im Gefrierschrank in Vorratsdosen. Das ist übersichtlicher, und man erkennt leichter, was zuerst verbraucht werden muss.

Kochen!

Jetzt sind Küche und Vorräte aufgestockt, und Sie können zu den Rezepten ab Seite 43 übergehen.

1 Die nötigen Pürees für das gewünschte Rezept auswählen.

2 Rezept überfliegen und aussuchen, was Sie brauchen. Immer erst die älteren Pürees verwenden (Herstellungsdatum beachten).

3 Tiefgekühltes Mus in der Mikrowelle auftauen (Dauer je nach Gerät) oder in einer Schüssel mit heißem Wasser weich werden lassen.

4 Eine Ecke des Beutels aufschneiden und Mus herausdrücken.

5 Das Mus wie eine normale Zutat verwenden, ob in meinen Rezepten oder als nährstoffreiche Zugabe für fertige Gerichte. Ein Glas fertige Nudelsauce lässt sich zum Beispiel mit fast jedem Püree anreichern – allmählich einrühren, abschmecken und dabei die Farbe beachten. Sie wissen am besten, was Ihre Kinder essen!

Avocados

Vorbereitung: Avocado längs halbieren, Messer in den Kern stechen, Kern herausdrehen. Fruchtfleisch mit dem Löffel herauslösen.

Pürieren: Fruchtfleisch in einer Schüssel mit einer Gabel zerdrücken, dann 2 Minuten in Mixer oder Küchenmaschine pürieren. Zum Lagern alle Luft aus dem Beutel drücken.

Blumenkohl

Vorbereitung: Röschen abschneiden, den Stiel entfernen.

Zubereitung: 8 bis 10 Minuten dämpfen.

Pürieren: Etwa 2 Minuten im Mixer oder in der Küchenmaschine pürieren. Für eine weiche, cremige Konsistenz eventuell etwas Wasser zufügen.

Brokkoli

Vorbereitung: In Röschen schneiden oder brechen.

Zubereitung: 6 bis 7 Minuten dämpfen. Die Röschen sollen zart, aber noch leuchtend grün sein.

Pürieren: Etwa 2 Minuten im Mixer oder in der Küchenmaschine pürieren. Für eine weiche, cremige Konsistenz eventuell etwas Wasser zugeben.

Butternut-Kürbis

Vorbereitung: Kürbis längs aufschneiden, entkernen.

Zubereitung: Mit der Schale nach oben auf ein Backblech legen und bei 200 °C etwa 45 Minuten backen.

Pürieren: Das Fleisch herauslöffeln und 2 Minuten pürieren.

Erbsen

Vorbereitung: Tiefkühlerbsen sind gebrauchsfertig!

Zubereitung: Tiefkühlerbsen ca. 2 Minuten dünsten, aufgetaute Erbsen 30 bis 60 Sekunden.

Pürieren: Etwa 2 Minuten sehr weich pürieren. Evtl. etwas Wasser hinzufügen.

Möhren

Vorbereitung: Schälen, putzen und in fingerlange Stücke schneiden.

Zubereitung: 10 bis 12 Minuten dämpfen.

Pürieren: Etwa 2 Minuten pürieren. Evtl. etwas Wasser hinzufügen.

Paprika, rot

Vorbereitung: Vom Stängelansatz her längs halbieren. Stängel, Samen und weiße Innenmembran entfernen.

Zubereitung: 10 bis 12 Minuten dämpfen.

Pürieren: Etwa 2 Minuten im Mixer oder in der Küchenmaschine pürieren.

Rote Bete

Vorbereitung: Wurzelende abschneiden, nicht schälen, nicht zerkleinern.

Zubereitung: In Alufolie einwickeln und 1 Stunde bei 200 °C im Ofen backen (sie sind fertig, wenn ein scharfes Messer leicht hindurchgleitet).

Pürieren: Schälen und etwa 2 Minuten im Mixer oder in der Küchenmaschine pürieren.

Spinat

Vorbereitung: Junger Spinat muss nur gut gewaschen werden. Größere Blätter längs zusammenfalten und den Stängel abreißen.

Zubereitung: 30 bis 40 Sekunden dämpfen oder 90 Sekunden mit 1 EL Wasser in einem großen Topf dünsten, bis die Blätter zusammenfallen.

Pürieren: Etwa 2 Minuten pürieren, bis er weich ist.

Süßkartoffeln

Vorbereitung: Nicht schälen. Zum Dämpfen vierteln, zum Backen nicht zerkleinern.

Zubereitung: 45 Minuten dämpfen oder 60 Minuten bei 200 °C backen.

Pürieren: Fleisch herauslösen und pürieren.

Zucchini, grün oder gelb, Sommerkürbis

Vorbereitung: Enden entfernen. Früchte in 2 bis 3 cm dicke Scheiben schneiden.

Zubereitung: 6 bis 8 Minuten dämpfen.

Pürieren: Etwa 2 Minuten pürieren.

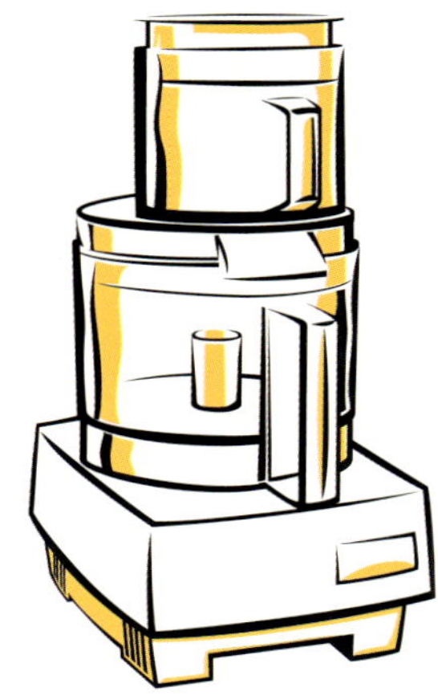

OBST PÜRIEREN

Ananas

Vorbereitung: Stängel abschneiden. Schälen, dabei auch die »Augen« entfernen. Längs halbieren, Herz herausschneiden, Fruchtfleisch in Stücke schneiden.

Pürieren: Etwa 2 Minuten im Mixer oder in der Küchenmaschine pürieren.

Äpfel

Vorbereitung: Eventuell schälen. Vierteln und entkernen.

Pürieren: Etwa 2 Minuten im Mixer oder in der Küchenmaschine pürieren.

Bananen

Vorbereitung: Sehr reife Bananen ergeben ein weiches, süßes Mus. Schälen.

Pürieren: Auf einem Holzbrett mit der Gabel zerdrücken (in einer Schüssel rutschen Bananen weg). Etwa 2 Minuten im Mixer oder in der Küchenmaschine pürieren.

Cantaloup-Melone

Vorbereitung: Melone halbieren, Kerne entfernen. In Schnitze schneiden und schälen.

Pürieren: Etwa 2 Minuten im Mixer oder in der Küchenmaschine pürieren.

Heidelbeeren, Erdbeeren, Himbeeren

Vorbereitung: Gefrorene Früchte auftauen lassen. Bei Erdbeeren Stielansatz entfernen.

Pürieren: Etwa 2 Minuten im Mixer oder in der Küchenmaschine pürieren.

Kirschen

Vorbereitung: Frische Kirschen dämpfen und entsteinen. Gefrorene Kirschen auftauen.

Pürieren: Etwa 2 Minuten im Mixer oder in der Küchenmaschine pürieren.

Die Grundlagen: Reis, Nudeln, Geflügel und Rindfleisch garen

Für manche Rezepte in diesem Buch ist es nötig, Reis und Nudeln zuzubereiten. Wer vergessen hat, wie das geht, kann sich hier schlau machen.

Reis kochen

Ich verwende Naturreis, der nährstoffreicher ist. Wenn Sie normalen Reis nehmen, brauchen Sie für dieselbe Menge nur 330 ml Wasser und eine Kochzeit von 15 bis 18 Minuten. Um die Familie an Naturreis zu gewöhnen, können Sie auch beide Sorten mischen.

Im Topf:

1 Für 200 g Naturreis 450 ml Wasser, den Reis und etwas Salz in einen Topf geben.

2 Zum Kochen bringen, zudecken und bei kleiner Hitze 30 bis 40 Minuten garen, bis der Reis zart ist und alles Wasser aufgenommen hat.

3 Abschalten und noch 5 Minuten zugedeckt nachgaren lassen.

Im elektrischen Reiskocher:

Beachten Sie die Gebrauchsanweisung.

Nudeln kochen

Vollkornnudeln sind manchen Kindern zu »braun«. Mischen Sie sie mit hellen Sorten, bis Sie irgendwann nur noch Vollkornnudeln nehmen.

1 Einen großen Topf Salzwasser zum Kochen bringen.

2 Nudeln hinzufügen und nach Packungsangaben bissfest kochen *(al dente)*.

3 Vorsichtig durch ein Sieb gießen (Achtung, das heiße Wasser kann spritzen).

Püree aus Huhn und Rindfleisch

Fleisch kann man Kindern gekocht und püriert unters Essen mogeln.

1 Haut und Knochen von Hähnchenbrustfilet, Kotelett oder Schnitzel lösen. Salzen und pfeffern.

2 Eine große beschichtete Pfanne auf mittlerer Stufe erwärmen. 1 EL Olivenöl hinzugeben, heiß werden lassen und das Fleisch hineinlegen. Hähnchenbrust und Rindersteak 5 Minuten pro Seite braten, dann auf niedrigste Stufe stellen, zudecken und noch 9 bis 10 Minuten nachgaren.

3 Vor dem Kleinschneiden etwas abkühlen lassen.

4 In der Küchenmaschine fein pürieren. Für eine cremige Konsistenz tropfenweise Wasser hinzugeben.

Joy Bauer ist unsere Ernährungsexpertin. Ich kenne sie, seit sie mir vor einigen Jahren half, die letzten hartnäckigen Schwangerschaftspfunde loszuwerden. Sie hat mich überzeugt, dass gesundes Essen lecker schmecken kann und leicht zuzubereiten ist. Joy ist ebenfalls eine viel beschäftigte Mutter von drei Kindern und weiß genau, wie wichtig es ist, Einkauf und Kochen gut zu organisieren. Sie hat alle unsere Rezepte überprüft und abgesegnet, uns aber auch mit wertvollen Hinweisen zur Seite gestanden.

»Niemand kann oder will alles kontrollieren, was ein Kind zu sich nimmt – schließlich ist es wichtig, dass Kinder beim Essen auch Selbstkontrolle und Selbstvertrauen entwickeln. Andererseits sorgt eine vernünftige Ernährung bekanntlich für mehr Energie, beugt Verletzungen vor und beschleunigt Heilungsprozesse. Sie erhöht die geistige Leistung und beeinflusst unsere Laune (wer je sein Kind vom Kindergeburtstag abgeholt hat, wo es mit Kuchen, Eis und Süßigkeiten überfüttert wurde, kennt das »Blutzuckerchaos« in den folgenden Stunden).

Was also sollen wir unseren Kindern anbieten? Es gibt heutzutage die unterschiedlichsten Theorien und »Fakten«. Das macht die Sache sehr verwirrend, und Eltern ha-

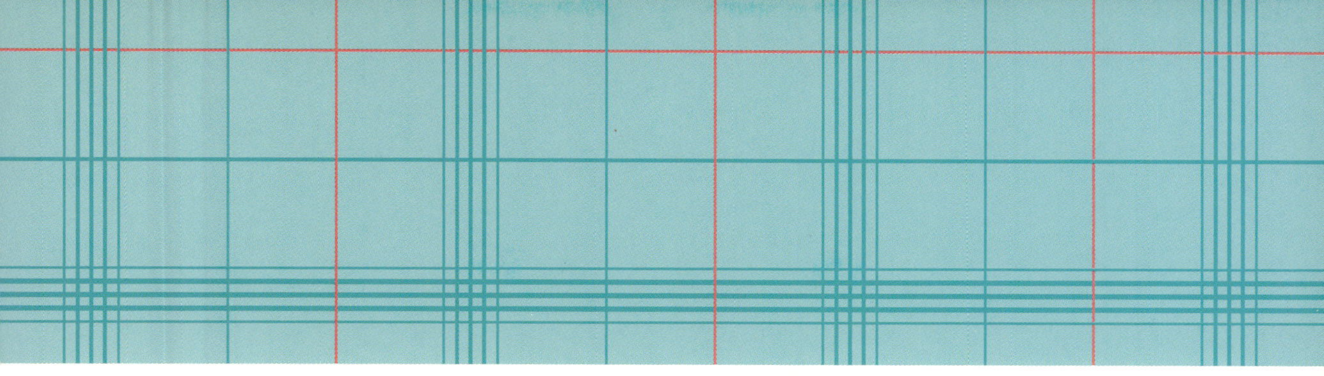

ben einfach nicht die Zeit, sich mit jedem Detail zu beschäftigen.

Als Ernährungsberaterin und Mutter versuche auch ich, die Balance zu halten. Aber man kann nicht ständig alles abwiegen, um sicherzugehen, dass die Kinder bekommen, was sie brauchen.

Man muss es auch nicht! Das Gute an den Rezepten in diesem Buch ist, dass wir uns bereits für Sie den Kopf zerbrochen haben. Dennoch sollten Eltern ein paar grundlegende Dinge über Ernährung wissen. Auf den folgenden Seiten bekommen Sie deshalb einen Überblick, wonach ich selbst mich zu Hause richte.

Im Grunde ist es ganz einfach: Ich habe keine Mengen oder Portionen im Kopf, sondern die Grundkategorien, die meine Kinder täglich brauchen – Gemüse, Obst, Proteine, Vollkorn und Kalziumträger wie Milch. Aus diesen Gruppen wähle ich die Nahrungsmittel aus, die mit jedem Bissen den höchsten Nährwert bieten.

Dabei kommt es besonders auf ein vielfältiges Angebot an. So bekommen Ihre Kinder eine Vielzahl an Nährstoffen, ohne dass man darüber nachdenken muss, wie viel Vitamine in diesem oder jenem stecken.

Für die Portionsgröße gibt es natürlich Faustregeln, die ich Ihnen auch verraten will. Dennoch muss man nicht alles abwiegen. Normalerweise reicht es, regelmäßig gute Nahrung anzubieten. Wie viel die Kinder essen, können wir ohnehin nicht beeinflussen.

Zudem stimme ich Jessica in einem zu: Auch wenn es sehr praktisch ist, dass die Rezepte in diesem Buch Kindern ihr Gemüse heimlich unterschieben, sollte man auf keinen Fall aufhören, bei den Mahlzeiten wenigstens ein erkennbares Gemüse auf den Tisch zu stellen. Ob gedämpfte grüne Bohnen oder gedünsteter Brokkoli, knackig frische junge Möhren, Zuckererbsen oder rote, gelbe oder orangefarbene Paprikastreifen – servieren Sie solches Gemüse pur oder mit verlockenden Dips (siehe Seiten 123 und 127). Schließlich sollen sich die Kinder auch an den Anblick und den Verzehr von Gemüse gewöhnen. Was Sie wählen und wie Sie es zubereiten – dämpfen, backen, in Olivenöl anbraten oder in der Mikrowelle garen –, ist Ihre Sache. Die Kinder greifen vielleicht nicht gleich auf Anhieb zu, aber irgendwann doch – vertrauen Sie mir!«

EINFACHE ERNÄHRUNGSREGELN FÜR KINDER

Gemüse

 **3+** AM TAG

Besonders nährstoffreich sind Brokkoli, Paprika (alle Farben), Spinat, Tomaten, Möhren, Kürbis und Rosenkohl. Mindestens **drei** dieser Sorten sollte Ihr Kind täglich zu sich nehmen, insgesamt 1 ½ bis 2 ½ Tassen, entweder in Form von Mus oder als Beilage. Die fünf gesündesten Favoriten der Kinder selbst sind erfahrungsgemäß (in dieser Reihenfolge):

- **Rote Paprika**
- **Junge Möhren**
- **Brokkoli**
- **Tomaten**
- **Zuckererbsen**

Ebenso beliebt bei Kindern, aber weniger nährstoffreich sind **grüne Bohnen**, **Erbsen**, **Mais**, **Gurken** und **Blattsalat**. Insbesondere Tiefkühlerbsen und Mais lassen sich in Minutenschnelle zubereiten.

Eine Portion = 1 Tasse roh oder ½ Tasse gekocht

Frisches Obst

 **2** AM TAG

Besonders empfehlenswert sind Erdbeeren, Himbeeren, Brombeeren, Heidelbeeren, Orangen, Äpfel, Bananen, Grapefruit (pink), Melone, Kiwis und blaue Trauben. **Zweimal** am Tag sollten die Kinder zugreifen. Und denken Sie daran: Die Frucht selbst ist nahrhafter als der Saft.

Eine Portion = eine Frucht (zum Beispiel ein Apfel) oder eine ¾ Tasse Beeren oder Obstsalat

Vollkorn

 **3** AM TAG

Vollkornprodukte enthalten alle drei Teile des natürlichen Korns: Fruchthülle, Keimling und Mehlkörper. Alle drei sind sehr nährstoffreich. Also lieber Naturreis oder Wildreis statt poliertem Reis, Vollkornbrot statt Weißbrot und Vollkornnudeln statt normaler Weizennudeln verwenden!

Erwünscht sind **mindestens drei** Portionen pro Tag. Wenn die Kinder maulen, können Sie weißen Reis mit Natur- oder Wildreis und normale Nudeln mit Vollkornnudeln mischen.

Eine Portion = ½ Tasse gekochter Reis, Nudeln oder Vollkorncouscous; 1 Scheibe Vollkornbrot; ½ Tasse Haferflocken oder 1 Tasse Frühstücksflocken (Vollkorn, maximal 6 Gramm Zucker und mindestens 3 Gramm Ballaststoffe pro Portion)

AM TAG

Für Kinder ab zwei Jahren ist Magermilch oder fettarme Milch (1,5 Prozent) die wichtigste Kalziumquelle. Zusammen mit anderen fettreduzierten Milchprodukten wie Joghurt, Hüttenkäse oder Hartkäse sollten **mindestens drei** Portionen pro Tag auf dem Speiseplan stehen. (Fettarme Milchprodukte sind eine bessere Kalziumquelle als Vollfettprodukte.) Andere gute Kalziumlieferanten sind:

- **Grünes Gemüse** (besonders Brokkoli und Grünkohl)
- **Bohnen** (besonders weiße Bohnen und Sojabohnen)
- **Tofu** (besonders mit der Aufschrift »kalziumreich«)
- **Mit Kalzium angereicherte Lebensmittel**, zum Beispiel bestimmte Vollkornprodukte oder Orangensaftsorten. Mit zunehmendem Alter steigt die benötigte Kalziummenge. Kinder von 9 bis 18 Jahren brauchen 1300 Milligramm Kalzium pro Tag. Das sind etwa vier Portionen kalziumreicher Lebensmittel.

Eine Portion = 250 ml Milch oder mit Kalzium angereicherter Saft, 250 g Joghurt, 80 bis 160 Gramm gekochte weiße Bohnen oder Sojabohnen oder Brokkoli

Die besten Proteinquellen für Kinder sind: Putenbrust, Hähnchenbrust, Schweinelende, Fisch und Meeresfrüchte, Tofu, Puten- oder Gemüsefrikadellen, fettarme Milchprodukte, Edamame (frische Sojabohnen), Bohnenkerne (wie Kidney-, Navy- oder Pintobohnen) sowie Eier.

Hier einige Lebensmittel, die Kinder oft mögen, und der Proteingehalt:

- **Gegrilltes Hähnchen (90 g oder handtellergroßes Stück): 21 g**
- **Putenfrikadelle (125 g): 21 g**
- **Joghurt (180 g): 6 bis 8 g**
- **Fettarme Milch (1,5 %), 250 ml: 8 g**
- **Erdnusscreme (2 EL): 8 g**
- **Tofu (90 g): 7 g**
- **1 Ei: 6 g**
- **Nüsse (25 g): 6 bis 8 g**
- **Gemüsebratling: 5 bis 10 g**
- **1 Stück Pizza: 12 g**
- **Hartkäse (30 g): 7 bis 9 g**

Als Faustregel gilt, dass Kinder pro Kilogramm Körpergewicht pro Tag etwa ein Gramm Protein zu sich nehmen sollten.

Fette

Kinder sollten **möglichst wenig gehärtete Fette und Transfettsäuren** verzehren. Ich verwende zu Hause fettarme oder fettfreie Milchprodukte und lasse Transfettsäuren, also Fertigbackwaren oder frittierte Lebensmittel mit hydrogenisiertem (gehärtetem) Pflanzenöl, gar nicht erst in meine Küche. Wenn die Kinder dann anderswo mal einen Keks bekommen, fällt das weniger ins Gewicht. Erwünschte Fette sind:

- **Einfach ungesättigte Fette** wie in Olivenöl, Rapsöl, Nüssen und Avocados.
- **Omega-3-Fettsäuren** wie in fettem Seefisch (zum Beispiel Wildlachs oder Sardinen), Walnüssen, Leinsamen und Eiern mit Omega-3-Anreicherung.

Ballaststoffe

Ballaststoffe sind momentan ein großes Thema, denn diese unlöslichen Fasern halten den Verdauungstrakt in Gang. Sie beugen Verstopfung vor und sorgen für eine geregelte Verdauung. Außerdem tragen Ballaststoffe zum Schutz vor Übergewicht, Herzerkrankungen und Typ-2-Diabetes bei. Lösliche Fasern können außerdem Cholesterin binden und bei Kindern den Blutzucker stabilisieren. Mit einem breiten Angebot an Gemüse, Obst und Vollkornprodukten bekommen Ihre Kinder ausreichend Ballaststoffe.

WAS STECKT IM GEMÜSE?

1/4 Avocado
(55 Kalorien)

- Avocados sind das einzige Gemüse, das reichlich einfach ungesättigte Fettsäuren enthält, die den Cholesterinspiegel im Blut regulieren und das Herz schützen.
- Außerdem sind sie eine sehr gute Quelle für lösliche Fasern, die zur Stabilisierung des Blutzuckers beitragen.
- Und sie liefern reichlich Vitamin E für gesunde Zellen und eine gute Wundheilung.

Blumenkohl, 1 Tasse (100 Gramm)
(25 Kalorien)

- Blumenkohl ist ein Kreuzblütler und unterstützt den Körper bei der Krebsabwehr.
- Blumenkohl kann das kindliche Immunsystem unterstützen, denn er ist eine gute Quelle für Vitamin C.

Brokkoli, 1 Tasse (180 Gramm)
(30 Kalorien)

- Wie alle anderen Kohlsorten ist Brokkoli wichtig, weil die natürlichen Substanzen darin die Krebsabwehr mobilisieren.
- Brokkoli unterstützt die Wundheilung und enthält sehr viel Vitamin C.
- Für ein Gemüse ist Brokkoli unschlagbar beim Aufbau starker Knochen und Zähne. Er enthält viel Kalzium, das der Körper besser verwerten kann als bei Spinat.

Butternut-Kürbis, 1 Tasse (115 Gramm)
(63 Kalorien)

- Das kräftige Orange dieser Winterfrucht zeugt von ihrem Gehalt an Betakarotin, das Augen und Haut gesund hält.
- Außerdem enthält dieses Gemüse viel Kalium für ein gesundes Herz.

Gartenkürbis, 1 Tasse (115 Gramm)
(30 Kalorien)

- Kürbis hält das Herz gesund, denn er enthält viel Kalium.
- Das hübsche Orange signalisiert zudem, dass Kürbis viel Betakarotin liefert, das für allgemeine Gesundheit, Haut und gutes Sehen gebraucht wird.

Grüne Erbsen, gegart, 1 Tasse (160 Gramm)

(134 Kalorien)

- Erbsen sind eine gute Quelle für Folat und liefern deshalb einen wichtigen Beitrag für ein gesundes Herz.
- Darüber hinaus enthalten Erbsen viele lösliche und unlösliche Fasern, die bei Kindern den Blutzucker stabilisieren und die Verdauung regulieren.

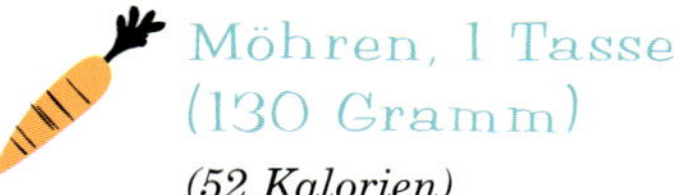

Möhren, 1 Tasse (130 Gramm)

(52 Kalorien)

- Möhren sind wegen ihres Betakarotins wunderbar für Haut und Augen Ihres Kindes.
- Daneben sorgen sie für eine geregelte Verdauung, weil sie eine Menge unlöslicher Faserstoffe enthalten.

Rote Bete, 1 Tasse, roh (150 Gramm)

(58 Kalorien)

- Rote Bete enthält eine geballte Ladung an zwei Antioxidantien, die im ganzen Körper gesunde Zellen schützen.
- Ihr Folsäuregehalt unterstützt das Zellwachstum und die gesunde Zellfunktion.
- Ein hoher Kaliumgehalt hält das Herz gesund und sorgt für einen normalen Blutdruck.

Rote Paprika, roh, 1 Tasse (160 Gramm)

(39 Kalorien)

- Rote Paprika ist ideal, um Kindern Vitamin C für die Infektabwehr und eine rasche Wundheilung zuzuführen.
- Dank der schönen knallroten Farbe enthalten rote Paprikas zahlreiche Antioxidantien, die im ganzen Körper die Zellgesundheit unterstützen.

Spinat, gekocht, 1 Tasse (450 Gramm)
(40 Kalorien)

- Spinat versorgt uns optimal mit Folsäure für gesundes Zellwachstum und eine gute Zellfunktion im Körper.
- Außerdem ist er eine ergiebige, nicht tierische Eisenquelle. Eisen reguliert die Sauerstoffversorgung der Körperzellen und versorgt die Muskelzellen mit Energie.
- Daneben trägt Spinat durch seinen hohen Gehalt an Kalium und Magnesium zur Regulierung des Blutzuckers und zur Herzgesundheit bei.

Süßkartoffel, klein
(112 Kalorien)

- Süßkartoffeln stabilisieren den Blutzucker.
- Außerdem sind sie gut für Haut, Augen und die allgemeine Gesundheit, weil sie viel Betakarotin und andere Antioxidantien enthalten.

Grüne oder gelbe Zucchini, 1 Tasse (130 Gramm)
(20 Kalorien)

- Zucchini und der eng verwandte gelbe Sommerkürbis sorgen für eine gesunde Haut, weil sie viel Vitamin C liefern.
- Das antioxidative Lutein in gelben Zucchini hält die Augen gesund.

Joy: *Wenn man Gemüse in zu viel Wasser kocht, werden die gesunden Inhaltsstoffe zerstört. Die wasserlöslichen Vitamine (besonders Vitamin C) gehen ins Wasser über und somit verloren. Deshalb sollte man Gemüse lieber dämpfen, backen oder in der Mikrowelle garen. Zerkochtes Gemüse verliert ebenfalls an Nährwert. Deshalb sollte Gemüse immer nur gerade eben zart sein.*

Ananas, 1 Tasse (150 Gramm)
(74 Kalorien)

- Ananas unterstützt die kindliche Verdauung und wirkt gleichzeitig Entzündungen und Schwellungen entgegen.
- Außerdem begünstigt sie durch den hohen Gehalt an Vitamin C alle Heilungsprozesse bei Schrammen und Stürzen.

1 Apfel
(80 Kalorien)

- Äpfel beugen Zellschäden vor, weil sie viele Antioxidantien liefern. Besonders gesund ist die Schale, also bitte nicht schälen!
- Außerdem enthalten sie lösliche Fasern zur Regulierung des Blutzuckers.

1 Banane
(105 Kalorien)

- Bananen helfen, den Blutzucker von Kindern zu stabilisieren und halten das Herz gesund. (Bananen enthalten mehr Kalium als die meisten Obstsorten.)
- Außerdem unterstützen Bananen die Produktion wichtiger Hormone und Enzyme im kindlichen Körper und halten mit ihrem hohen Gehalt an Vitamin B_6 das Gehirn fit.

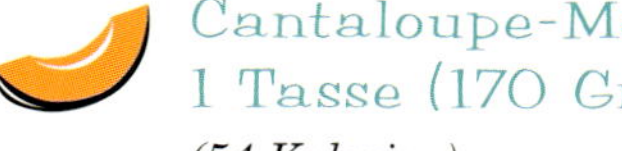

Cantaloupe-Melone, 1 Tasse (170 Gramm)
(54 Kalorien)

- Cantaloupe-Melone unterstützt das Sehvermögen und gesunde Augen – die Orangefärbung bürgt für Betakarotin.
- Zusätzlich liefert sie Vitamin C, das die Wundheilung unterstützt.

Erdbeeren, 1 Tasse (150 Gramm)
(53 Kalorien)

- Erdbeeren haben den höchsten Vitamin C-Gehalt von allen Beeren. Deshalb unterstützen sie die Wundheilung und eine gesunde Haut.
- Wie in anderen Beeren und Kirschen stecken auch in Erdbeeren reichlich

Anthocyanine, die eine günstige Wirkung auf Hirngesundheit und die Abwehr bestimmter Krebsarten haben.

 Heidelbeeren, 1 Tasse (160 Gramm)
(84 Kalorien)

- Die zellschützende Wirkung von Heidelbeeren ist unübertroffen. Studien zufolge enthalten sie jede Menge Antioxidantien, die den Cholesterinspiegel senken, das Gedächtnis schärfen und bestimmten Krebsarten vorbeugen.
- Außerdem sind sie eine prima Verdauungshilfe, denn Heidelbeeren liefern reichlich unlösliche Ballaststoffe.

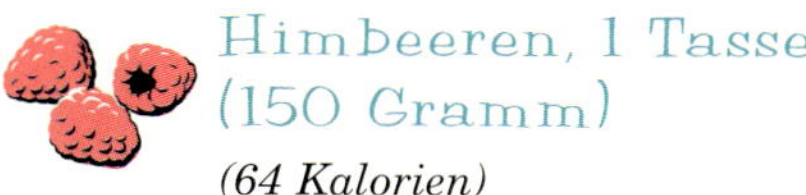 Himbeeren, 1 Tasse (150 Gramm)
(64 Kalorien)

- Himbeeren sind die kinderfreundlichste Quelle für unlösliche Fasern. Sie strotzen nur so vor Ballaststoffen.
- Darüber hinaus enthalten sie Anthocyanine. Das sind Antioxidantien, welche die Gehirnleistung fördern und dem Körper bei der Abwehr bestimmter Krebsarten helfen.

 Kirschen, 1 Tasse (150 Gramm)
(78 Kalorien)

- Wenn Kinder Kirschen essen, bekommen sie Anthocyanine. Das sind Antioxidantien, die ein gesundes Hirnwachstum unterstützen und auch gegen bestimmte Krebsarten wirken sollen.

Joy: *Wichtige Nährstoffe in Obst und Gemüse sind Vitamine, Mineralstoffe, Faserstoffe und Phytonährstoffe (natürliche Wirkstoffe in Pflanzen wie Lycopin, Anthocyanin und Lutein, die Immunabwehr und Gesundheit unterstützen). Gemüsesorten mit kräftigen Farben wie Rote Bete, Möhren und Beeren sind besonders nährstoffhaltig!*

DIE
REZEPTE

AUF ZUM GROSSEN TRICKSEN!

Jetzt kann es losgehen. Küche und Vorratsschrank sind gerüstet, und im Kühlschrank oder Gefrierfach liegen verschiedene Pürees bereit.

Für die meisten Gerichte brauchen Sie ein oder zwei Pürees. Über jedem Rezept ist jeweils abgebildet, welches Gemüse oder Obst benötigt wird oder alternativ verwendet werden kann. So können Sie bereits anhand der Sorte, die Sie Ihrem Kind unterschieben wollen, und anhand dessen, was Sie zu Hause haben, schneller auswählen, was Sie kochen möchten.

Wenn Ihr Kind grünes Gemüse ablehnt, beginnen Sie mit weißem, gelbem oder orangefarbigem Gemüsemus, also Blumenkohl, Butternut-Kürbis, Möhre, Süßkartoffel oder Zucchini. Diese Pürees lassen sich leicht in selbst gekochtes Essen oder Fertigmahlzeiten einarbeiten. Sobald Sie ein bisschen Erfahrung gesammelt haben, können Sie die Herausforderung der Farbe Grün annehmen. Ich verspreche, dass es bald so weit sein wird!

Immer wieder werde ich gefragt, ob man für die Rezepte auch andere Pürees nehmen kann. Das hängt natürlich vom jeweiligen Kind ab. In meinen Rezepten soll das Gemüse möglichst unsichtbar werden, damit nicht einmal das kritischste Auge misstrauisch wird. Manche Kinder reagieren auf das kleinste Pünktchen Grün hysterisch, andere können damit umgehen. Wie es bei Ihnen aussieht, wissen Sie selbst am besten.

Teilweise habe ich Alternativen angegeben. (Notfalls lässt sich das meiste auch ohne Püree nachkochen.) Wenn im Rezept zwei verschiedene Pürees verlangt sind, kann man stattdessen die eine Sorte verdoppeln (also statt 125 ml Spinatmus und 125 ml Möhrenmus 250 ml von einer Sorte).

Grüne Pürees sind grundsätzlich austauschbar, allerdings nicht beim Nachtisch. Manche Gemüsepürees schmecken gesüßt einfach merkwürdig, andere machen Backwaren etwas zäh. Bei Süßspeisen sollten Sie sich daher genau ans Rezept halten.

FRÜHSTÜCK

Arme Ritter

Manche Kinder reagieren schon auf die »dicken Krümel« im Vollkornbrot mit Skepsis. Ein wenig Puderzucker wirkt da Wunder! Meine Puderzuckermühle war deshalb eine wirklich lohnende Anschaffung.

Vorbereitung: 3 Minuten • Insgesamt: 10 Minuten • 4 Portionen

- **4 große Eier**
- **2 EL Bananen-, Ananas-, Süßkartoffel-, Möhren-, Butternut- oder Kürbispüree**
- **¼ TL Zimt**
- **4 Scheiben Vollkorntoast**
- **2 TL Margarine**
- **gemahlener Leinsamen (nach Belieben)**
- **Ahornsirup, Puderzucker oder frische Früchte zum Servieren**

1 Eier, Püree und Zimt in einer flachen Schale verquirlen. Brotscheiben für 30 bis 60 Sekunden hineinlegen und wenden (nicht länger, sonst matscht das Brot).

2 Eine große, beschichtete Pfanne auf mittlere Stufe erhitzen. In die heiße Pfanne etwas Margarine geben. Sobald die Margarine Blasen schlägt, das eingeweichte Brot hinzugeben (eventuell mit Leinsamen bestreuen) und in 2 bis 3 Minuten pro Seite goldbraun rösten. Mit Sirup, Puderzucker oder Obst garnieren und warm servieren.

Sascha: *Das macht mir Mami zum Frühstück, wenn es morgens vor der Schule ganz schnell gehen muss. Ist ruckzuck fertig.*

Muffins mit Apfelmus

(MIT BUTTERNUT-KÜRBIS ODER MÖHRE)

Knusprige Streusel machen diese Muffins unwiderstehlich.

Vorbereitung: 20 Minuten • Insgesamt: 40 Minuten • Ergibt 12 Muffins

- **Rapsöl oder Papierförmchen für die Form**

STREUSEL
- **50 g Haferflocken**
- **50 g brauner Zucker**
- **1 TL Zimt**
- **2 EL zerlassene Margarine**

TEIG
- **225 g Mehl**
- **90 g Haferflocken**
- **1 TL Backpulver**
- **½ TL Natron**
- **½ TL Zimt**
- **250 ml ungesüßtes Apfelmus**
- **125 ml fettarme Milch**
- **125 ml Butternut- oder Möhrenpüree**
- **100 g brauner Zucker**
- **60 ml Pflanzenöl**
- **1 großes Ei**

1 Haferflocken, Zucker und Zimt für die Streusel in einer Schüssel verrühren. Zerlassene Margarine unterrühren.

2 Ofen auf 200 °C vorheizen. Eine 12er-Muffinform mit etwas Öl auspinseln oder mit Papierförmchen auslegen.

3 Für den Teig Mehl, Haferflocken, Backpulver, Natron und Zimt in einer großen Rührschüssel vermengen oder in einem Beutel mit Zip-Verschluss durchschütteln. In einer zweiten Schüssel mit einem Holzlöffel das Apfelmus mit Milch, Gemüsepüree, Zucker, Öl und Ei verrühren. Langsam die Mehlmischung hinzugeben und dabei rühren, bis das Mehl feucht ist. Nicht zu lange, der Teig soll klumpig bleiben.

4 Den Teig gleichmäßig auf die Muffinförmchen verteilen und die Streusel obenauf geben. 18 bis 20 Minuten backen, bis die Oberfläche leicht gebräunt ist und bei der Stäbchenprobe (Zahnstocher in die Mitte der Muffins stechen) nichts mehr klebt. Muffins auf einen Kuchenrost setzen und warm oder kalt servieren.

Die Kunst des Nein-Sagens

Das Wort »Nein« zeigt Kindern, dass es notwendige Grenzen in der Welt gibt und sorgt für eine vertrauensvolle Beziehung zwischen Eltern und Kind.

Wenn meine Kinder sich bei mir beschweren, dass ihre Freunde Dinge zu essen bekommen, die ich als »leer« einstufe, dann bekommen sie von mir eine ehrliche Antwort, die zugleich entschieden und mitfühlend ist, zum Beispiel: »Ich verstehe deine Enttäuschung über unsere Frühstücksflocken, aber fertige Flocken enthalten viel Zucker. Und Zucker ist schlecht für deine Zähne und deinen Körper.« Mittlerweile habe ich ein paar Regeln für uns aufgestellt (natürlich gelten in jeder Familie eigene Regeln):

1 Ich bemühe mich, konsequent zu sein und mich nicht für die Regeln zu rechtfertigen.

2 Ich erkläre immer die Gründe für meine Entscheidung.

3 Ich sage, dass alle Familien unterschiedlich essen und eigene Regeln haben. Manche machen Kinder glücklich, andere machen sie wütend. Insgesamt aber sind Regeln dazu da, dass Kinder sicher und gesund leben können.

4 Ich zeige Mitgefühl, ohne nachzugeben. Das gibt den Kindern Sicherheit, es bestätigt meine Glaubwürdigkeit und Beständigkeit.

Rührei

(MIT BLUMENKOHL)

Der pürierte Blumenkohl geht im Rührei einfach unter.

Vorbereitung: 3 Minuten • Insgesamt: 6–10 Minuten • 2 Portionen

- **2 große Eier**
- **4 Eiweiß**
- **60 g Crème légère**
- **125 ml Blumenkohlpüree**
- **2 EL Parmesankäse, gerieben**
- **1 Prise Salz**
- **1 TL Olivenöl**

1 Eier, Eiweiß, Crème légère, Blumenkohlpüree, Parmesan und Salz in einer großen Schüssel aufschlagen.

2 Eine beschichtete Pfanne auf mittlerer Stufe erhitzen. Das Olivenöl in die heiße Pfanne geben, die Eimasse hinzufügen, Hitze herunterschalten und unter regelmäßigem Rühren mit einem Silikonspatel 2 bis 3 Minuten stocken lassen, bis die Eier fest, aber nicht zu trocken sind.

Joy: *Das versteckte Blumenkohlpüree enthält bereits die Hälfte des kindlichen Vitamin-C-Bedarfs. Mit über 19 Gramm Eiweiß pro Portion sind diese Rühreier ein kräftiger Proteinschub!*

Bananenbrot

(MIT BLUMENKOHL)

Diese Leckerei passt immer. Meine Kinder mögen sie zum Frühstück, als Pausenbrot, für zwischendurch oder als Nachtisch. Besonders appetitlich wird das Bananenbrot mit der Streuselkruste von Seite 50!

Vorbereitung: 10 Min. • Insgesamt: 70 Min. • Ergibt 1 Brot (22×11 cm) oder 2 Minibrote

- **90 g Weizenvollkornmehl**
- **75 g Weizenmehl**
- **½ TL Natron**
- **¼ TL Backpulver**
- **½ TL Salz**
- **½ TL Zimt (nach Belieben)**
- **Rapsöl für die Form**
- **100 g brauner Zucker**
- **60 ml Pflanzenöl**
- **2 Eiweiß**
- **375 ml Bananenpüree**
- **125 ml Blumenkohlpüree**
- **1 TL reiner Vanilleextrakt**

1 Mehl, Natron, Backpulver, Salz und eventuell Zimt in einer Schüssel gut vermischen. Beiseitestellen.

2 Ofen auf 175 °C vorheizen. Eine Kastenkuchenform (22 cm) oder zwei Miniformen mit Öl auspinseln.

3 In einer großen Rührschüssel Zucker und Öl mit einem Holzlöffel gut vermengen. Eiweiß, Bananen- und Blumenkohlpüree sowie Vanille unterziehen. Die Mehlmischung hinzufügen und gut durchrühren, bis sich alles verbunden hat.

4 Den Teig in die Form füllen und backen, bis bei der Stäbchenprobe (Zahnstocher in die Mitte des Brots stechen) nichts mehr klebt: großes Brot 55 bis 60 Minuten, zwei kleine Laibe 25 bis 30 Minuten. 5 Minuten auf dem Gitterrost abkühlen lassen, dann aus der Form lösen. Vor dem Servieren ganz abkühlen lassen.

Julian: *Ich streiche mir Erdnussbutter darauf. Lecker!*

Pfannkuchen

Süßkartoffelpüree süßt dieses einfache, schnelle Frühstück und erhöht zugleich den Nährwert.

Vorbereitung: 3 Minuten • Insgesamt: 8–10 Minuten • 4 Portionen

- **250 ml Wasser**
- **125 ml Süßkartoffelpüree**
- **¼ TL Zimt, nach Geschmack**
- **150 g Pfannkuchenfertigmischung (oder Menge für 375 ml Flüssigkeit)**
- **1 EL Pflanzenöl**
- **Ahornsirup zum Garnieren**

1 Wasser, Süßkartoffelpüree und Zimt in einer großen Schüssel anrühren. Pfannkuchenmischung hinzugeben und rühren, bis sich die Masse gerade eben verbindet. Der Teig soll noch klumpig sein.

2 Eine große, beschichtete Pfanne auf mittlerer Stufe erhitzen. Öl hineingeben und pro Pfannkuchen eine Kelle Teig.

3 Den Teig 2 bis 3 Minuten backen, bis sich auf der Oberfläche Blasen bilden und der Teig gerinnt. Wenden und auf der anderen Seite in 2 bis 3 Minuten ebenfalls goldbraun backen.

Sascha: Meine Mama macht den Pfannkuchenteig am Vorabend und stellt ihn in den Kühlschrank, damit er zum Frühstück schon fertig ist.

Bananen-Erdnuss-Muffins

Wenn man die Hälfte des Zuckers erst am Ende hinzufügt, bekommen diese Muffins eine köstlich knusprige Kruste.

Vorbereitung: 10 Minuten · Insgesamt: 35 Minuten · Ergibt 12 Muffins · Gut zu lagern

- **Rapsöl oder Papierförmchen für die Form**
- **200 g brauner Zucker**
- **150 g Erdnussmus**
- **125 ml Möhren- oder Blumenkohlpüree**
- **125 ml Bananenpüree**
- **1 Eiweiß**
- **125 g Vollkornweizenmehl**
- **1 TL Backpulver**
- **1 TL Natron**
- **½ TL Salz**

1. Ofen auf 175 °C vorheizen. Eine 12er-Muffinform mit Öl auspinseln oder mit Papierförmchen auslegen.

2. In einer großen Rührschüssel die Hälfte des Zuckers mit einem Holzlöffel mit der Erdnusscreme, Gemüsepüree, Bananenpüree und Eiweiß verrühren.

3. Mehl, Backpulver, Natron und Salz gut vermischen. In die Schüssel mit der Erdnussmischung geben und vermengen (der Teig darf etwas klumpig bleiben, nicht zu lange rühren!). Den restlichen Zucker hinzufügen und kurz unterziehen.

4. Den Teig auf die Muffinförmchen verteilen und 15 bis 20 Minuten backen, bis die Muffins leicht gebräunt sind und bei der Stäbchenprobe (Zahnstocher in die Mitte der Muffins stechen) nichts mehr hängenbleibt. Auf einem Kuchengitter abkühlen lassen.

5. Die Muffins sind im luftdichten Behälter bei Zimmertemperatur maximal zwei Tage haltbar, einzeln verpackt und tiefgekühlt bis zu einem Monat.

(ANDERE) MÜTTER KENNEN SICH AUS

(TEIL 1)

»James leckt mal daran, beißt aber erst ab, wenn er sicher ist, dass es ihm auch schmeckt. Außerdem hilft ihm ein Spielzeug bei Tisch, wenn er etwas Neues probieren soll. Wenn drittens noch ein Erwachsener sagt, dass es total lecker ist, probiert er vorsichtig. Auch wenn es bei Bekannten oder Freunden Dinge gibt, die er zu Hause ablehnen würde – zum Beispiel Milch zum Abendbrot –, gewöhnt er sich daran, weil er sich anpassen möchte.«

Sarah

MUTTER VON JAMES, 4 JAHRE

»So habe ich Charlie dazu gebracht, gesunden Joghurt zum Nachtisch zu essen: Sie darf ein paar Krümel Zucker darüberstreuen. Das liebt sie. Inzwischen fragt sie sehr oft nach Joghurt.«

Kate

MUTTER VON CHARLIE, 3 JAHRE

»Meine Töchter essen Brokkoli mit geschmolzenem Käse und Frischkäse in Selleriestangen. Fruchtspieße sind der große Hit – lange Spieße mit Erdbeeren, Trauben, Himbeeren und Ananasstücken, die sie in Erdbeerjoghurt tunken. Außerdem mögen sie Bratkartoffeln (in Olivenöl) und selbst gemachte Pommes Frites (mit Ketchup).«

Alexandra

MUTTER VON ELLIOT, 5 JAHRE, UND HARPER, 2 JAHRE

Kaffeekuchen

(MIT BUTTERNUT-KÜRBIS)

Eines unserer Lieblingsgerichte, das ich gern dem Wochenendbesuch anbiete.

Vorbereitung: 15 Minuten • Insgesamt: 75 Minuten • 10 Stücke

TEIG:

- **Öl für die Form**
- **200 g brauner Zucker**
- **100 g Margarine**
- **300 ml Buttermilch oder fettarme Milch**
- **250 g Crème légère**
- **1 großes Ei**
- **2 TL reiner Vanilleextrakt**
- **250 g Weizenvollkornmehl**
- **2 TL Backpulver**
- **½ TL Zimt**
- **½ TL Salz**
- **250 ml Butternut-Kürbis-Püree**
- **35 g Minimarshmallows**

KRUSTE:

- **50 g gehackte Pekannüsse oder Walnüsse**
- **50 g brauner Zucker**
- **2 TL Zimt**

1 Ofen auf 175 °C vorheizen. Eine Springform von 22 cm Durchmesser oder eine Kuchenform von 20 x 20 cm mit Öl einpinseln.

2 In einer großen Rührschüssel oder in der Küchenmaschine Zucker und Margarine cremig schlagen. 250 ml Buttermilch oder Milch, Crème légère, Ei und Vanille hinzufügen. Mehl, Backpulver, Zimt und Salz mischen und unterrühren, bis ein glatter Rührteig entstanden ist.

3 Die Hälfte des Teigs in die Form gießen und glatt streichen. Das Kürbismus darauf verteilen und mit den Marshmallows bestreuen. Die restlichen 50 ml Milch in den übrigen Teig rühren und gleichmäßig über der Kürbismasse verteilen.

4 Die Zutaten für die Kruste vermengen und gleichmäßig über den Teig streuen. 55 bis 60 Minuten backen, bis der Zahnstocher bei der Stäbchenprobe in der Kuchenmitte sauber wieder herauskommt. Vor dem Aufschneiden 5 Minuten auf dem Gitterrost abkühlen lassen.

Grüne Eier

(MIT SPINAT)

Trotz der grünen Farbe sind meine Kinder verrückt da-nach. Für dieses schnelle Essen braucht man nicht einmal ein Püree.

Vorbereitung: 7 Minuten • Insgesamt: 35 Minuten • 4 Portionen

- **2 TL Margarine**
- **450 g junger Spinat, gewaschen und abgetropft**
- **3 EL fettarme Milch**
- **4 große Eier**
- **2 Eiweiß**
- **1 Prise Salz**
- **Putenschinken (nach Belieben)**

1 Einen Teelöffel Margarine bei mittlerer Hitze in einer großen beschichteten Pfanne schmelzen lassen. Spinat hinzufügen und die Blätter bei großer Hitze unter ständigem Rühren zusammenfallen lassen. Die Milch dazugeben und in 1 bis 2 Minuten verdampfen lassen. Das Ganze in der Küchenmaschine pürieren und einige Minuten abkühlen lassen.

2 Die Eier in einer großen Schüssel mit dem Püree und dem Salz verrühren.

3 Die restliche Margarine bei mittlerer Hitze in der Pfanne schmelzen lassen. Die Eiermischung hinzufügen, Hitze herunterschalten und unter gelegentlichem Rühren 2 bis 3 Minuten stocken lassen.

Sascha: *Klasse! Grüne Eier! Können wir nächstes Mal pink nehmen?*

Jessica: *Hmm, vielleicht… Aber jetzt essen wir erst mal die grünen.*

Marmeladenköpfchen

Ich weiß nicht, wer hier lieber zugreift: die Kleinen oder die Großen.

Vorbereitung: 10 Minuten • Insgesamt: 35 Minuten • 12 Muffins • Zum Mitnehmen

- **Rapsöl oder Papierförmchen für die Form**
- **150 g Erdnusscreme**
- **125 ml Möhrenpüree**
- **100 g brauner Zucker**
- **2 EL Margarine**
- **125 g Magerjoghurt**
- **1 Eiweiß**
- **150 g Mehl**
- **1 TL Backpulver**
- **1 TL Natron**
- **½ TL Salz**
- **70 g zuckerreduzierte Erdbeer-, Heidelbeer- oder Traubenkonfitüre**

1 Ofen auf 175 °C vorheizen. Eine 12er-Muffinform mit Öl auspinseln oder mit Papierförmchen auslegen.

2 Erdnusscreme, Möhrenpüree, Zucker und Margarine in einer großen Schüssel mit einem Holzlöffel gut durchrühren. Joghurt und Eiweiß unterschlagen.

3 Mehl, Backpulver, Natron und Salz hinzufügen. Weiterrühren, bis der Teig sich gerade eben verbindet. Nicht zu lange rühren. Die Masse sollte noch klumpig sein.

4 Teig auf die Muffinförmchen verteilen und auf jeden Muffin einen Teelöffel Konfitüre setzen.

5 20 bis 25 Minuten backen, bis die Oberfläche der Muffins leicht bräunt und die Stäbchenprobe in der Mitte gelingt. Auf einem Kuchengitter auskühlen lassen.

6 Luftdicht verwahrt sind die Muffins bei Zimmertemperatur maximal zwei Tage haltbar, einzeln verpackt und tiefgekühlt bis zu einem Monat.

(siehe Abbildung S. 64 oben)

Blaubeer-Zitronen-Muffins

(MIT GELBER ZUCCHINI)

Mit einem Eisportionierer lassen sich die Muffinförmchen ganz leicht füllen.

Vorbereitung: 10 Minuten • Insgesamt: 25 Minuten • 12 Muffins • zum Mitnehmen

- **Rapsöl oder Papierförmchen für die Form**
- **100 g brauner Zucker**
- **4 EL Margarine, kalt**
- **250 g fettarmer Zitronenjoghurt**
- **160 g Heidelbeeren**
- **125 ml gelbes Zucchinipüree**
- **1 großes Ei**
- **2 TL reiner Zitronenextrakt**
- **1 TL geriebene Zitronenschale**
- **300 g Mehl**
- **40 g gemahlener Leinsamen**
- **1 TL Backpulver**
- **1 TL Natron**
- **½ TL Salz**

1 Ofen auf 175 °C vorheizen. Eine 12er-Muffinform mit Öl auspinseln oder mit Papierförmchen auslegen.

2 Zucker und Margarine in einer großen Schüssel mit einem Holzlöffel schlagen. Joghurt, Heidelbeeren, Püree, Ei, Zitronenextrakt und Zitronenschale unterrühren.

3 Mehl, Leinsamen, Backpulver, Natron und Salz hinzugeben und nur so lange rühren, dass sich die Masse gerade eben verbindet. Der Teig soll noch klumpig sein.

4 Den Teig auf die Muffinformen verteilen. 13 bis 15 Minuten backen, bis die Oberseite der Muffins leicht gebräunt ist und die Stäbchenprobe in der Mitte gelingt. Muffins auf einem Kuchengitter abkühlen lassen.

5 Luftdicht verwahrt bei Zimmertemperatur sind die Muffins maximal zwei Tage haltbar, einzeln verpackt und tiefgekühlt bis zu einem Monat.

(Abbildung S. 64 unten)

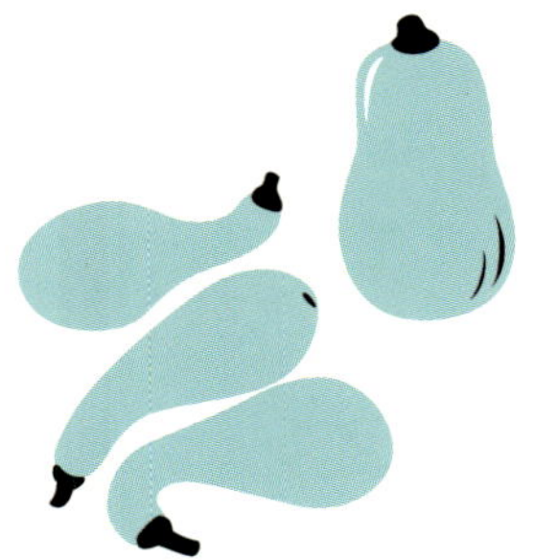

Eiersoufflés

Meine Kinder fliegen auf diese niedlichen, lockeren Soufflés. Ich mache sie in Souffléförmchen (oder kleinen Kaffeetassen), damit jeder sein eigenes bekommt.

Vorbereitung: 5 Minuten • Insgesamt: 20 Minuten • 4 Portionen

- **Öl für die Form**
- **2 große Eier**
- **2 Eiweiß**
- 125 ml Zucchini- oder Butternut-Kürbispüree
- **2 EL geriebener Cheddar, fettarm**
- **2 EL Mehl**
- **½ TL Backpulver**
- **¼ TL Salz**

1 Ofen auf 200 °C vorheizen. Vier Souffléförmchen oder Kaffeetassen mit Öl auspinseln und auf ein Backblech setzen.

2 Eier, Eiweiß, Püree, geriebenen Käse, Mehl, Backpulver und Salz in einer großen Schüssel verrühren. Die Mischung auf die Förmchen oder Tassen verteilen und 13 bis 15 Minuten backen, bis die Oberfläche luftig aufgegangen ist und die Soufflés beim Anstechen mit einem Messer in der Mitte nicht mehr weich sind. Sofort servieren.

Sascha: *Juhu, ich bekomme mein eigenes? Super!*

Julian: *Meins ist höher als deins.*

Haferbrei

Dieses herzhafte, gesunde Frühstück kann man auch in der Mikrowelle zubereiten. Zutaten in einem mikrowellengeeigneten Gefäß anrühren und 2 Minuten garen.

Vorbereitung: 10 Minuten • Insgesamt: 15 Minuten • 2 Portionen

- **250 ml fettarme Milch**
- **50 g brauner Zucker**
- **60 ml Kürbis- oder Süßkartoffelpüree**
- **1 TL reiner Vanilleextrakt (nach Belieben)**
- **¼ TL Zimt**
- **90 g kernige Haferflocken**
- **2 TL Erdnusscreme, naturbelassen (nach Belieben)**
- **Trockenfrüchte und Nüsse (nach Belieben)**
- **Ahornsirup zum Anrichten**

1 Milch, Zucker, Kürbismus, Vanille und Zimt in einen kleinen Topf geben. Zum Kochen bringen und die Haferflocken einrühren. Hitze herunterschalten und 2 bis 3 Minuten köcheln lassen, bis der Haferbrei weich und cremig ist. Nach Belieben Erdnusscreme einrühren.

2 Den Haferbrei auf zwei Schalen verteilen, nach Geschmack Trockenfrüchte und Nüsse darüberstreuen, Ahornsirup darübergeben und warm servieren.

Jessica: *Kinder gießen den Sirup gern aus den Messbechern für Medizin, die zum Beispiel bei Hustensaft dabei sind.*

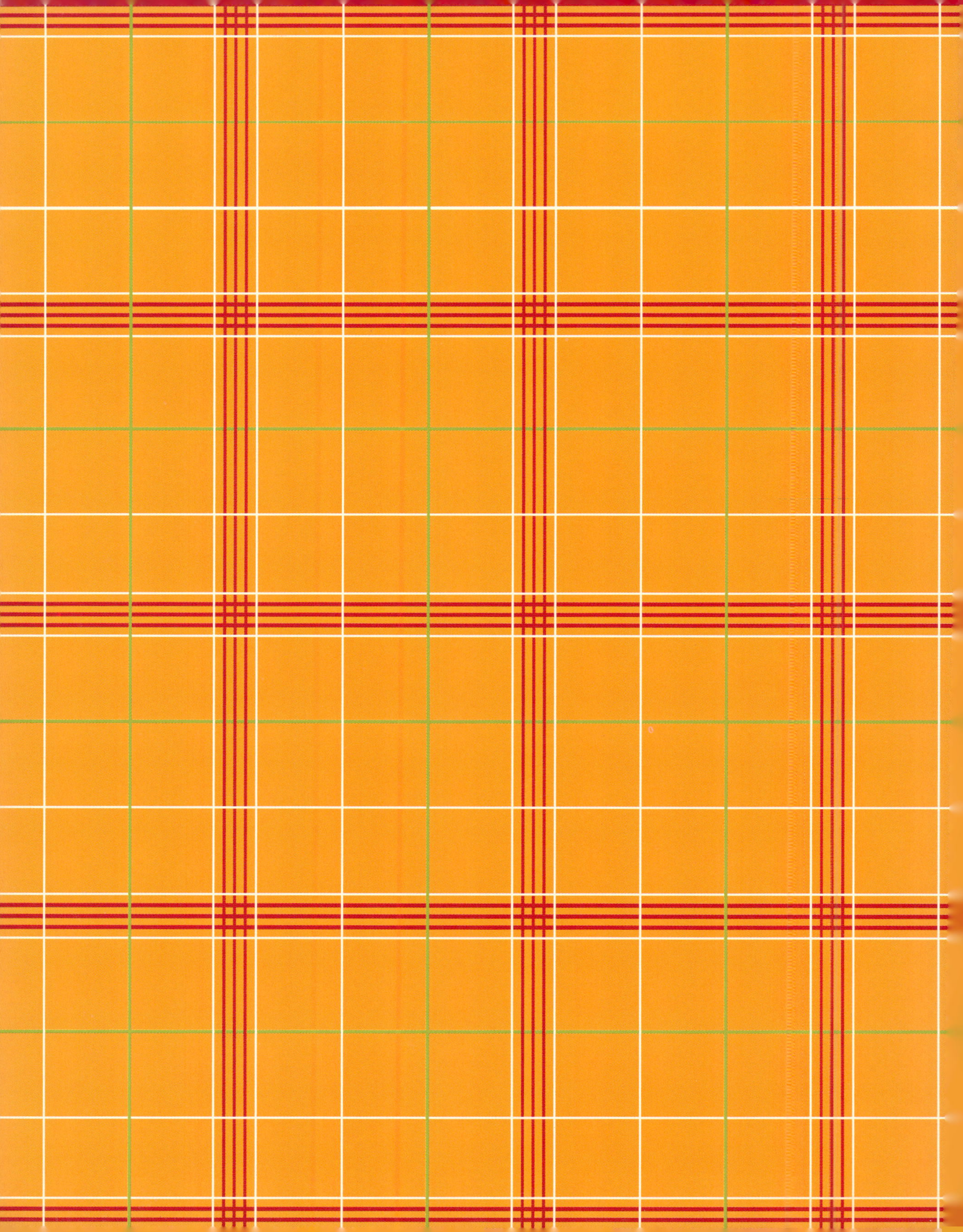

HAUPTGERICHTE

Tomatensuppe mit Fleischklößchen

(MIT MÖHRE UND SÜSSKARTOFFEL)

Wenn ich kein püriertes Gemüse da habe, hacke ich Möhre und Süßkartoffel schnell in der Küchenmaschine.

Vorbereitung: 20 Minuten • Insgesamt: 35 Minuten • 10 Portionen

- **100 g Vollkornnudeln in hübscher Form**
- **1 EL Olivenöl**
- **1 kleine Zwiebel, gehackt**
- **2 Knoblauchzehen, gehackt**
- **1 große Dose geschälte Tomaten (840 g) im eigenen Saft**
- **60 ml Möhrenpüree**
- **1½ TL Salz**
- **750 ml Rinder- oder Hühnerbrühe**
- **3 Scheiben Vollkorntoast, gewürfelt**
- **1 großes Ei, leicht aufgeschlagen**
- **60 ml Süßkartoffelpüree**
- **60 ml fettarme Milch**
- **4 EL geriebener Parmesan**
- **¼ TL Pfeffer**
- **¼ TL Paprikapulver**
- **225 g Putenhackfleisch**

1. Die Nudeln in reichlich kochendem Salzwasser nach Packungsanleitung bissfest kochen. In ein Sieb abgießen und beiseitestellen.

2. Einen großen Topf auf mittlerer Hitze erwärmen. Olivenöl, Zwiebel und Knoblauch 3 bis 4 Minuten unter Rühren anbraten, bis die Zwiebel weich, aber noch nicht braun ist.

3. Tomaten und Saft mit dem Möhrenpüree in der Küchenmaschine pürieren, dann mit ½ TL Salz in den Topf geben. Brühe dazugießen, Hitze herunterschalten und zugedeckt 10 bis 15 Minuten köcheln lassen.

4. In der Zwischenzeit das Brot in eine große Schüssel geben. Ei, Süßkartoffelpüree, Milch, 2 Esslöffel Parmesan, 1 Teelöffel Salz, Pfeffer und Paprikapulver hinzufügen und einweichen lassen. Umrühren, damit das Brot zerfällt, und mit dem Hackfleisch zu einem weichen Brei verarbeiten. Aus dem Teig kleine Klößchen rollen (1 cm Durchmesser).

5. Die Fleischklößchen in den Topf geben. Zugedeckt 12 bis 15 Minuten garen, bis sie in der Mitte nicht mehr rosa sind. Pasta unterrühren. Mit Parmesankäse bestreuen.

Hähnchennuggets

(MIT BROKKOLI ODER SPINAT ODER SÜSSKARTOFFEL ODER ROTER BETE)

Ich kenne kein Kind, das Hähnchennuggets nicht mag. Man darf nur nicht verraten, was drin ist.

Vorbereitung: 10 Minuten • Insgesamt: 20 Minuten • 4 Portionen • Zum Mitnehmen

- **160 g Paniermehl, möglichst Vollkorn**
- **75 g gemahlener Leinsamen**
- **1 EL geriebener Parmesan**
- **½ TL Paprikapulver**
- **½ TL Knoblauchpulver**
- **½ TL Zwiebelpulver**
- **250 ml Gemüsepüree (Brokkoli, Spinat, Süßkartoffel oder rote Bete)**
- **1 großes Ei, leicht aufgeschlagen**
- **450 g Hühnchenfleisch ohne Haut und Knochen, gewaschen, abgetrocknet, in mundgerechten Stücken**
- **½ TL Salz**
- **1 EL Olivenöl**

1 Paniermehl, Leinsamen, Parmesan, Paprika-, Knoblauch- und Zwiebelpulver in einer Schüssel mit den Fingern vermengen.

2 Gemüsepüree und Ei in einer flachen Schale mit einer Gabel durchschlagen. Die Schale neben die Schüssel mit der Panade stellen.

3 Hähnchenteile salzen, in die Eimischung tauchen und danach in der Panade wenden, bis sie vollständig bedeckt sind.

4 Eine große, beschichtete Pfanne auf mittlerer Stufe erhitzen. Öl hineingeben und die Hähnchennuggets in einer Lage nicht zu eng nebeneinander in die Pfanne legen. In 3 bis 4 Minuten goldbraun und knusprig braten, wenden und in 4 bis 5 Minuten auch die andere Seite bräunen. (Ein Stück durchschneiden, um zu prüfen, ob das Fleisch ganz durch ist). Warm servieren.

Varianten

HÄHNCHENNUGGETS ÜBERBACKEN:

Die panierten Stücke in einer ofenfesten Pfanne braten, dann 250 ml Tomatensauce darübergießen und mit 75 Gramm fettarmem Mozzarella belegen.
Bei 200 °C im Backofen etwa 10 Minuten backen, bis der Käse schmilzt.

FISCHNUGGETS:

Anstelle des Hähnchenfleischs 450 Gramm Wildlachs oder anderen wild gefangenen, milden Fisch ohne Haut und Gräten in mundgerechte Stücke schneiden. Wie die Hähnchennuggets panieren und zubereiten, aber nur 2 bis 3 Minuten pro Seite braten.

Joy: *Wenn man diese Nuggets mit Brokkoli zubereitet, bekommt das Kind genauso viel Kalzium wie aus 125 ml Milch. Gleichzeitig wird der Vitamin-C-Bedarf zu über 100 Prozent gedeckt. Vitamin C ist für Kinder besonders wichtig, weil es vor Erkältungen schützt und die Wundheilung fördert.*

Essen gehen mit Kindern

Wer kleine Kinder hat, möchte Stress vermeiden. Für mich bedeutet das, möglichst selten auswärts zu essen. Essen soll angenehm sein, und das ist ziemlich schwierig, wenn man befürchtet, zu viel Lärm zu machen, die Kinder ermahnen muss, sich hinzusetzen, oder Essensreste vom Boden aufklaubt. Hinzu kommt, dass man selbst in Restaurants mit Kindermenüs selten etwas Gesundes findet, was Kindern schmeckt. Zu Hause weiß ich wenigstens, dass meine Kinder etwas Ausgewogenes bekommen.

Andererseits muss man unterwegs oder bei besonderen Anlässen hin und wieder auswärts essen. An solchen Tagen richten wir uns, wenn möglich, nach folgenden Regeln:

1 Perfekt ist ein kinderfreundliches Haus – ein Spielbereich ist für alle eine große Entlastung.

2 Sofort oder möglichst schnell bestellen.

3 Um die Rechnung bitten, wenn das Essen kommt, damit man nicht ewig warten muss, wenn die Kinder längst die Geduld verloren haben.

4 Das Kindermenü am besten meiden. Es enthält im Verhältnis oft mehr Fett und weniger Nährstoffe als normale Gerichte, die man wunderbar auf zwei oder mehr Kinder aufteilen kann.

Italienischer Hackbraten

(MIT MÖHRE)

Eine Küchenmaschine ist hier eine große Hilfe. Statt Möhrenpüree eignen sich auch fein geraspelte rohe Möhren.

- Öl für die Form
- 160 g Paniermehl
- 1 TL Oregano
- 125 ml fettarme Milch
- 2 EL Olivenöl
- ½ Zwiebel, fein gehackt
- 2 Stängel Sellerie, fein gehackt
- 450 g mageres Putenhackfleisch
- 120 g geriebener Parmesan
- 125 ml Möhrenpüree
- 60 ml Ketchup
- 1 TL Salz
- Pfeffer nach Geschmack
- 250 ml Tomatensauce
- 4 Scheiben Putenschinken in Streifen

1. Ofen auf 175 °C vorheizen. Eine kleine Kastenform (22 × 11 cm) mit Öl auspinseln.

2. Paniermehl mit Oregano mischen und in einer großen Schüssel in der Milch einweichen.

3. Eine große, beschichtete Pfanne auf mittlerer Stufe erhitzen. Olivenöl darin erhitzen, Zwiebel dazugeben und unter Rühren 7 bis 10 Minuten anbraten. Sellerie hinzufügen und weitere 3 bis 4 Minuten garen. Das Gemüse in die Schüssel mit dem Paniermehl geben. Hackfleisch, Parmesan, Möhrenpüree, Ketchup, Salz und Pfeffer unterrühren.

4. Die Masse in die Kastenform füllen und glatt streichen. Tomatensauce darübergießen und mit Schinkenstreifen belegen. 45 bis 50 Minuten backen, bis der Braten in der Mitte nicht mehr rosa ist und der Schinken zu bräunen beginnt. In Scheiben servieren.

Julian: Ich mag Hackbraten im Sandwich!

Kartoffelbrei

(MIT BLUMENKOHL)

Dieses Rezept schmeckt mit allen Sorten Kartoffeln. Mehlig kochende ergeben jedoch einen besonders lockeren Brei.

- **500 g mehlig kochende Kartoffeln, geschält und gewürfelt**
- **1 TL Salz**
- **125 ml Blumenkohlpüree**
- **2 EL Margarine**
- **125 ml Buttermilch**

1 Kartoffeln mit etwas Salz in einen großen Topf geben und so viel Wasser hinzufügen, dass die Kartoffeln bedeckt sind. Einmal aufkochen, dann herunterschalten und bei schwacher Hitze köcheln lassen, bis ein Messer widerstandslos hindurchgleitet. (Oder: 30 Minuten dämpfen.) In ein Sieb abgießen.

2 Kartoffeln durch eine Kartoffelpresse in den Topf drücken oder mit einem Kartoffelstampfer direkt im Topf zerdrücken. Blumenkohlpüree, Margarine und Buttermilch hinzufügen und mit einem großen Löffel durchschlagen, bis ein weicher, cremiger Brei entsteht.

Shepherd: Mmmmhm … gut!

Feste Essenszeiten

Stimmungsschwankungen und Gereiztheit durch Hunger versuche ich bei meinen Kindern vorzubeugen, indem ich auf feste Essenszeiten achte – soweit das im Alltag mit kleinen Kindern möglich ist. Das erfordert viel Disziplin, aber ich habe festgestellt, dass meine Kinder ausgeglichener sind, wenn sie pünktlich ihr Essen bekommen. Ich weiß, wie ich reagiere, wenn ich Hunger habe! Darum halte ich mich ziemlich streng an die Essenszeiten und passe auf, dass es mindestens alle zweieinhalb bis drei Stunden etwas gibt.

Unsere Essenszeiten

Frühstück um 7 UHR

Zweites Frühstück um 10 UHR

Mittagessen um 12:30 UHR

»Kaffeezeit« um 15 UHR

Abendessen um 17:30 UHR

Rindergulasch

(MIT BROKKOLI)

Vor dem Servieren zerkleinere ich das gekochte Fleisch und gebe alles über Nudeln oder Reis. Erwachsene mögen die Fleischwürfel oft lieber im Ganzen.

Vorbereitung: 25 Minuten • Insgesamt: 5½ Stunden • 8–10 Portionen

- **1 mittelgroße Zwiebel, geviertelt**
- **2 mittelgroße Möhren, in großen Stücken**
- **2 Stängel Sellerie, in großen Stücken**
- **2 Knoblauchzehen, zerdrückt**
- **50 g Mehl**
- **1 TL Salz**
- **¼ TL Pfeffer**
- **1,5 kg Rindergulasch**
- **1 EL Olivenöl**
- **750 g Rinderbrühe**
- **1 Dose stückige Tomaten im eigenen Saft (400 g)**
- **1 große Kartoffel, geschält und gewürfelt**
- **125 ml Brokkolipüree**

1 Zwiebel, Möhren, Sellerie und Knoblauch in der Küchenmaschine fein hacken. Beiseitestellen.

2 Mehl, Salz und Pfeffer in eine große Schüssel geben und die Fleischwürfel darin wenden.

3 Eine große, beschichtete Pfanne erhitzen. Öl und die Hälfte vom Fleisch hineingeben. Das Fleisch in 3 bis 4 Minuten von allen Seiten bräunen, dann in einen großen Topf legen. Das restliche Fleisch ebenso anbraten und zum Rest geben.

4 Das gehackte Gemüse in die Pfanne geben und bei mittlerer Hitze in 6 bis 7 Minuten bissfest garen. In den Topf zu dem Fleisch geben.

5 Fleischbrühe, Tomaten mit Saft und Brokkolipüree hinzufügen, abdecken, Hitze herunterschalten und alles 4 Stunden schmoren lassen. Dann die Kartoffeln dazugeben und weiterkochen, bis das Fleisch so zart ist, dass es beinahe zerfällt (insgesamt 4½ bis 5 Stunden).

Hähnchensalat

Ein wunderbares Mittagessen für die ganze Familie! Mit Resten vom Brathähnchen spart man Zeit, ebenso wenn man den Sellerie in der Küchenmaschine hackt.

Vorbereitung: 20 Minuten • Insgesamt: 45 Minuten • 4 Portionen

- **2 große Eier**
- **450 g Hähnchenbrustfilet, gewaschen und trocken getupft**
- **1 TL Salz**
- **¼ TL Chilipulver (nach Belieben)**
- **¼ TL Paprikapulver, edelsüß**
- **¼ TL Knoblauchpulver**
- **1 TL Olivenöl**
- **180 g fettarme Mayonnaise**
- **2 Stängel Sellerie, fein gehackt**
- **125 ml Blumenkohlpüree**
- **125 g Magerjoghurt**
- **85 g grüne Trauben, entkernt und grob gehackt**

1 Eier in einem kleinen Topf mit Wasser bedecken und rasch aufkochen. Vom Herd nehmen und zugedeckt genau 15 Minuten stehen lassen. Kalt abschrecken, dann pellen. Eigelb aus dem Eiweiß lösen. Das Eiweiß hacken, das Eigelb zur späteren Verwendung einfrieren.

2 Das Hähnchenfleisch mit Salz, Chili, Paprika und Knoblauch würzen. Eine große, beschichtete Pfanne auf mittlerer Stufe erhitzen. In die heiße Pfanne erst das Öl, dann das Hähnchenfleisch geben und etwa 5 Minuten pro Seite braten. Anschließend Hitze herunterschalten, Pfanne abdecken und noch 9 bis 10 Minuten garen. Etwas abkühlen lassen und erst dann in mundgerechte Stücke schneiden.

3 Hähnchen, Mayonnaise, Sellerie, Blumenkohlpüree, Joghurt, Trauben und gehacktes Eiweiß mit dem Fleisch vermengen. Warm oder kalt servieren.

Reisbällchen

Wenn man diese appetitlichen Kugeln vor dem Backen ein paar Mal mit Öl besprüht, bekommen sie auch ohne Frittieren eine knusprige Kruste. Ohne das Hähnchenfleisch sind die Reisbällchen perfekt für Vegetarier.

Vorbereitung: 30 Min. • Insgesamt: 40 Min. • 6–8 Portionen (etwa 40 Bällchen)

- **100 g Rundkorn-Naturreis (oder eine Tasse gekochter Reis)**
- **3 TL Olivenöl**
- **125 g Hähnchenschnitzel, gewaschen und trocken getupft**
- **1¼ TL Salz**
- **1 Messerspitze Pfeffer**
- **125 ml Süßkartoffelpüree**
- **30 g geriebener Cheddar, fettarm**
- **60 ml Buttermilch**
- **1 großes Ei, leicht durchgeschlagen**
- **125 ml Spinat-, Brokkoli- oder Butternut-Kürbispüree**
- **240 g grobes Paniermehl oder Krümel von Vollkorncrackern**

1 Den Reis mit 250 ml Wasser zugedeckt in einem kleinen Topf zum Kochen bringen. Hitze herunterschalten und 30 bis 40 Minuten garen, bis der Reis zart ist. Sie können auch den Reiskocher verwenden.

2 In der Zwischenzeit eine große, beschichtete Pfanne auf mittlerer Stufe erhitzen. Einen Teelöffel Öl in die heiße Pfanne geben, das Hähnchenfleisch mit ¼ Teelöffel Salz einreiben, pfeffern und 4 bis 5 Minuten auf jeder Seite braten, bis es in der Mitte nicht mehr rosa ist.

3 Das Hähnchen in Stücke schneiden und die Stücke in den Mixer geben. Süßkartoffelpüree, Käse, einen Teelöffel Salz und die Buttermilch hinzugeben und zu einem weichen Brei zerkleinern. Die Mischung in eine große Schüssel geben und den gekochten Reis unterrühren. Zu Kugeln von 2,5 Zentimeter Durchmesser rollen und auf Backpapier oder Alufolie legen.

4 Das Ei in einer flachen Schale mit dem Gemüsepüree verschlagen. Paniermehl oder Keksbrösel in eine zweite Schale geben. Die Reisbällchen nacheinander in die Eimasse tunken und in der Panade wälzen, damit sie eine gleichmäßige Kruste bekommen.

5 Eine große, beschichtete Pfanne auf mittlerer Stufe erhitzen. Erst die restlichen zwei TL Öl, dann die Reisbällchen hineingeben und unter gelegentlichem Wenden 5 bis 7 Minuten braten, bis sie von allen Seiten knusprig braun sind. Warm servieren.

Warmes Abendessen

Nach langen Phasen, in denen die Kinder nur Nudeln aßen und Gemüse oder Fleisch komplett ignorierten, kam mir die Idee, mehrere Gänge auf den Tisch zu bringen, damit die Kinder nicht auf ihr Lieblingsessen fixiert bleiben und alles andere stehen lassen.

1 Schon beim Kochen stelle ich rohe Gemüsestreifen mit Dips auf den Tisch (siehe Seite 123). Jetzt knabbern die Kleinen erst mal fröhlich vor sich hin.

2 Danach folgen Hähnchen-, Fisch- oder Tofu-Nuggets.

3 Sobald sie davon etwas gegessen haben, kommt eine Gemüsebeilage wie gedämpfter Brokkoli, Möhren oder Erbsen (und ich bete insgeheim, dass sie zugreifen).

4 Zuletzt bringe ich die Nudeln oder den Reis, denn darüber wird bei uns nie diskutiert.

Mozzarellasticks

Ich fasse es immer noch nicht, dass ich diese Stäbchen selber mache. Aber es geht ganz leicht, und im Käse geht der Blumenkohlgeschmack völlig unter.

Vorbereitung: 20 Min. • Insgesamt: 45 Min. • Ergibt 8 Mozzarellastäbchen • Ohne Fleisch

- **160 g Paniermehl aus Vollkornweizen**
- **1 EL gemahlener Leinsamen**
- **1 EL Sesamsamen (nach Belieben)**
- **150 g geraspelter Mozzarella, fettarm**
- **125 ml Blumenkohlpüree**
- **1 EL Maisstärke**
- **1 EL Olivenöl**
- **¼ TL Salz**
- **Ketchup**

1 Paniermehl in einer Schüssel mit Leinsamen und Sesam vermischen.

2 In einer zweiten Schüssel Mozzarella, Blumenkohlpüree und Maisstärke gut verrühren. Acht Stäbchen formen und jedes Stäbchen vorsichtig in der Panade wälzen, dann in Alufolie oder Wachspapier einschlagen und 20 Minuten einfrieren.

3 Eine große, beschichtete Pfanne auf mittlerer Stufe erhitzen. Das Öl in die heiße Pfanne geben, die Mozzarellastäbchen nicht zu dicht nebeneinander in die Pfanne legen. 3 bis 4 Minuten braten, dabei gelegentlich wenden, bis die Kruste zu bräunen beginnt. Mit Salz bestreuen. Dazu gibt es Ketchup.

Joy: *Fettarmer Käse enthält vergleichsweise mehr Kalzium als vollfetter Käse. Durch die Abschöpfung des Fetts bleibt mehr Raum für den Kalziumanteil in Milchprodukten.*

Selbst gemachter Ketchup

Ist nicht jedes Kind ein Ketchup-Fan?

Vorbereitung: 5 Minuten • Insgesamt: 25 Minuten • Ergibt 250 ml

- **180 g passierte Tomaten**
- **125 ml Möhrenpüree**
- **60 ml Wasser**
- **2 EL Apfelessig**
- **2 Knoblauchzehen, gehackt**
- **1 EL brauner Zucker (nach Belieben)**
- **½ TL Senfpulver**
- **¼ TL Salz**
- **¼ TL Pimentpfeffer, gemahlen**
- **¼ TL Chilipulver (nach Belieben)**

1 Alle Zutaten in einem großen Topf verrühren und auf mittlerer Stufe aufkochen. Hitze herunterschalten und etwa 15 bis 20 Minuten köcheln lassen, bis die Menge auf die Hälfte eingedickt ist. Vor dem Servieren abkühlen lassen.

2 Luftdicht verschlossen ist dieser Ketchup im Kühlschrank maximal fünf Tage haltbar, in 60 ml-Portionen in kleinen Gefrierbeuteln bis zu drei Monate.

(ANDERE) MÜTTER KENNEN SICH AUS
(TEIL 2)

»Bei Olivias Gemüse gebe ich beim Dünsten für eine Minute einen Würfel Bio-Hühnerbrühe hinzu. So bleibt das Gemüse knackig, schmeckt aber leicht nach Huhn und Salz. Das findet sie sehr lecker (und isst es nur so!). Oder ich gebe etwas Olivenöl und Salz über das Gemüse und backe es eine Viertelstunde bei 175 °C.«

Christina
MUTTER VON OLIVIA, 5 JAHRE, UND GRIFFIN, 1 JAHR

»Jakob ist ganz scharf auf Salatsauce, aber den Salat rührt er nicht an. Wir geben ihm Gurken (keine Ahnung, warum er die mag), die er in die Sauce tunken darf. Sojasauce mag er auch. Wenn ich also den Spinat mit reichlich Zitrone in Sojasauce anschwitze, greift er mitunter zu. Charlie isst Brokkoliröschen, die er in Sojasauce taucht, und beide mögen etwas Honig auf ihren Äpfeln.«

Tina
MUTTER VON JAKOB, 8 JAHRE, UND CHARLIE, 5 JAHRE

»Jackson isst kein Gemüse. Ich habe es mit Butter probiert, mit Salz und sogar mit Zucker. Klappt nicht. Aber Gemüsesaft trinkt er, zum Beispiel frischen Möhrensaft mit Apfel und Roter Bete. Ich gebe trotzdem nicht auf. Eines Tages isst er das Gemüse vielleicht doch noch.«

Lorna
MUTTER VON JACKSON, 3 JAHRE

Hähnchenspieß Hawaii

Knusprig und süß, das kommt immer an. Wenn Ihre Kinder Kokos nicht mögen, lassen Sie die Raspel weg. Allerdings sind sie nach der Zubereitung kaum noch zu erkennen.

Vorbereitung: 15 Minuten • Insgesamt: 25 Minuten • 4 Portionen • Zum Mitnehmen

- **160 g Paniermehl (möglichst Vollkorn)**
- **40 g Leinsamen, gemahlen**
- **125 ml Süßkartoffelpüree**
- **60 ml Ananaspüree**
- **1 TL Sojasauce**
- **1 Eiweiß, leicht aufgeschlagen**
- **25 g Kokosraspel, ungesüßt**
- **450 g Hähnchenbrustfilet oder Hähnchenschnitzel, gewaschen, abgetupft und in lange Streifen geschnitten**
- **¼ TL Salz**
- **2 EL Weizenvollkornmehl**
- **1 EL Olivenöl**
- **10–12 kurze Schaschlikspieße**

1 Paniermehl und Leinsamen in einer Schüssel vermischen und beiseitestellen.

2 In einer zweiten flachen Schüssel Süßkartoffel- und Ananaspüree, Sojasauce, Eiweiß und Kokosraspel mit einer Gabel vermengen. Neben das Paniermehl stellen.

3 Die Hähnchenstreifen längs auf die Spieße schieben, einen Streifen pro Spieß. Von beiden Seiten erst mit Salz, dann mit Mehl bestreuen. In die Eiweißmischung tauchen und zuletzt im Paniermehl wenden, bis das Fleisch komplett überzogen ist.

4 Eine große, beschichtete Pfanne auf mittlerer Stufe erhitzen. Das Öl in die heiße Pfanne geben.

5 Die Spieße nebeneinander in die Pfanne legen und 3 bis 4 Minuten braten, bis die Panade goldbraun und knusprig ist. (Achtung, bei zu rascher Bräunung Hitzezufuhr reduzieren – Kokos verbrennt leicht.) Spieße wenden und 3 bis 4 Minuten auf der anderen Seite braten, bis das Fleisch durch und von allen Seiten gebräunt ist.

Pita-Pizza

Meine Kinder lieben es, ihre ganz persönliche Pizza zu bekommen. Falls ich noch Reste von Sauce Bolognese habe, verwende ich diese anstelle der Tomatensauce.

Vorbereitung: 3 Min. • **Insgesamt: 20 Min.** • **Ergibt 8 Minipizzas** • **Ohne Fleisch**

- **8 kleine Weizenvollkorn-Pitas (10 cm)**
- **125 ml pürierter Spinat**
- **500 ml Tomatensauce aus dem Glas**
- **300 g Mozzarella, fettarm, in feinen Streifen**

1 Ofen auf 200 °C vorheizen.

2 Die Pitas so mit Spinat bestreichen, dass der Spinat etwa einen Zentimeter vor dem Rand endet. Tomatensauce darübergeben. Sie sollte den Spinat bedecken und einen halben Zentimeter vor dem Rand enden. Den Käse darüberlegen und alles abdecken, wo Grün durchschimmert.

3 Die Pizzas auf ein mit Backpapier ausgelegtes Backblech setzen und 5 bis 10 Minuten backen, bis der Käse schmilzt und zu bräunen beginnt. Vor dem Servieren 5 Minuten abkühlen lassen, damit der Käse sich nicht löst (und der Spinat wirklich unsichtbar bleibt).

Joy: *Der pürierte Spinat in diesen Kinderpizzas enthält eine kräftige Portion Betakarotin sowie drei Gramm Ballaststoffe. Tomatensauce liefert zusätzlich gesundes antioxidatives Lycopin.*

Gefüllte Eier

Auch zum Mitnehmen eine gesunde Alternative.

Vorbereitung: 25 Minuten • 6 Portionen • Zum Mitnehmen

- **6 große Eier**
- **3 EL Mayonnaise, fettreduziert**
- **60 ml Blumenkohl- oder Möhrenpüree**
- **1 Messerspitze Salz**
- **Pfeffer und Paprikapulver nach Geschmack und zum Anrichten**

1 Die Eier in einen Topf geben und mit Wasser bedecken. Den Topf abdecken, einmal aufkochen, vom Herd nehmen und mit Deckel genau 15 Minuten stehen lassen. Eier abgießen, unter kaltem Wasser abschrecken und pellen.

2 Die Eier längs halbieren. Das Eigelb entnehmen. Drei Eigelbe in eine Schale geben, die übrigen für ein anderes Gericht verwenden.

3 Die Mayonnaise, das pürierte Gemüse und etwas Salz zum Eigelb geben. Mit einer Gabel gut durcharbeiten.

4 Die Eihälften mit der Eigelbmasse füllen.

Julian: *Mhm, ich mag das Weiße.*
Sascha: *Ich mag das Gelbe.*
Shepherd: *Ich mag alles!*

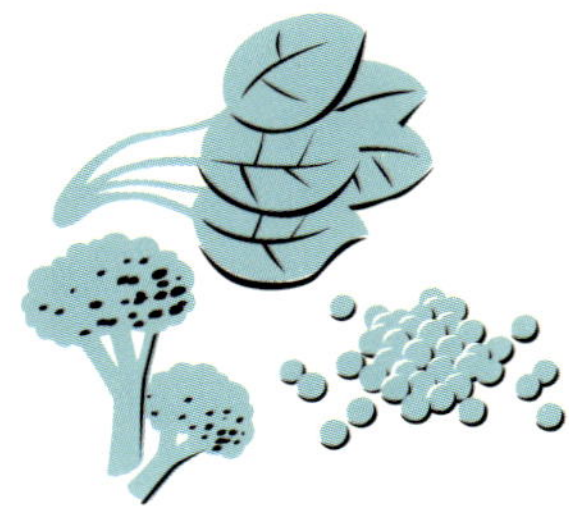

Tofu-Nuggets

Sie glauben, Ihre Kinder rühren Tofu nicht an? Der hier sieht aus wie Hähnchen oder Käse.

Vorbereitung: 15 Min. • Insgesamt: 25 Min. • 4 Portionen • Zum Mitnehmen • Fleischlos

- **160 g Paniermehl, möglichst Weizenvollkorn**
- **1 EL gemahlener Leinsamen**
- **1 EL geriebener Parmesan**
- **½ TL Paprikapulver**
- **250 ml Spinat-, Brokkoli- oder Erbsenpüree**
- **1 großes Ei, leicht durchgeschlagen**
- **400 g Tofu, extrafest, möglichst mit Kalzium angereichert**
- **½ TL Salz**
- **1 EL Olivenöl**

1 Paniermehl, Leinsamen, Parmesan und Paprika in einer Schüssel verrühren. Beiseitestellen.

2 Gemüsepüree und Ei in einer flachen Schale mit einer Gabel durchschlagen und neben das Paniermehl stellen.

3 Den Tofu in 1 cm dicke Scheiben schneiden und würfeln oder mit einem Keksausstecher in Formen schneiden. Auf beiden Seiten salzen. Die Stücke in das Püree tauchen, dann von allen Seiten mit Paniermehl bedecken, bis das Püree nicht mehr zu erkennen ist.

4 Eine große, beschichtete Pfanne auf mittlerer Stufe erhitzen. Das Öl in die heiße Pfanne geben.

5 Die Tofu-Nuggets nebeneinander in die Pfanne legen (nicht zu dicht!) und 3 bis 4 Minuten braten, bis sie schön braun sind. Wenden und noch 2 bis 3 Minuten weiterbraten, bis die ganze Panade knusprig ist.

Hühnernudeltopf

Dieses Gericht, bei dem man auch prima Brathähnchenreste verwerten kann, ist nicht viel schwieriger, als eine Dose aufzumachen! Wenn Ihre Kinder das Hühnchenfleisch nicht mögen, können Sie es püriert in die Suppe geben.

Zubereitung: 45 Minuten • 8 Portionen

- **3 l Hühnerbrühe**
- **1 Hähnchenbrust mit Knochen (etwa 225 g), gewaschen, abgetupft, ohne Haut**
- **½ TL Salz**
- **75 g Buchstabennudeln**
- 60 ml Blumenkohlpüree
- 60 ml Süßkartoffelpüree

1 Die Brühe in einem großen Topf zum Kochen bringen. Das Hähnchenfleisch von allen Seiten salzen, dann vorsichtig in die Brühe gleiten lassen. Hitzezufuhr reduzieren, Topf abdecken und das Fleisch in der Resthitze in 25 bis 30 Minuten gut durchgaren.

2 Das Fleisch mit einem Schaumlöffel herausnehmen und auf einem Teller 3 bis 4 Minuten abkühlen lassen, bis sich das Fleisch leicht vom Knochen lösen lässt. Knochen wegwerfen, Fleisch in mundgerechte Stücke schneiden und beiseitestellen.

3 Die Brühe wieder zum Sieden bringen. Nudeln und Gemüsepüree einrühren und 5 bis 6 Minuten kochen lassen (oder bis die Nudeln gar sind). Das Fleisch unterrühren und heiß servieren.

Joy: *Süßkartoffel- und Blumenkohlpüree versorgen Kinder mit den Vitaminen A und C. Das ist gut für die Sehkraft, die Haut und ein gesundes Immunsystem.*

Käsenudeln 1

*Ich lasse eine Fertigpackung Nudeln mit Käsesauce herum-
liegen. Dann denken die Kinder natürlich …*

Vorbereitung: 5 Minuten • Insgesamt: 25 Minuten • 4 Portionen • Zum Mitnehmen

- **150 g gedrehte Hörnchennudeln**
- **1 EL Olivenöl**
- **1 EL Mehl**
- **125 ml fettarme Milch**
- **125 ml Butternut-Kürbis- oder
  Blumenkohlpüree**
- **250 g geriebener Cheddar, fettarm**
- **120 g fettarmer Schmelzkäse**
- **½ TL Salz**
- **1 Messerspitze Paprikapulver**
- **1 Messerspitze Pfeffer**

1 In einem großen Topf Salzwasser zum Kochen bringen. Nudeln hinzufügen und nach
Packungsanweisung bissfest kochen. Durch
ein Sieb abgießen.

2 Während die Nudeln kochen, eine große
Pfanne auf mittlerer Stufe erhitzen, erst das
Öl, dann das Mehl hinzugeben und unter
Rühren in 1 bis 2 Minuten zu einer Paste
eindicken. Die Masse soll nicht bräunen.

3 Milch hinzufügen und unter gelegentlichem
Rühren kochen lassen, bis die Sauce dicker wird. Püriertes Gemüse, Käseraspel,
Schmelzkäse und Gewürze hinzufügen und
weiter rühren, bis der Käse schmilzt und
eine glatte Sauce entsteht. Die Nudeln unterrühren und warm servieren.

Joy: *Dieses Gericht ist eine hervorragende Kalziumquelle: Jede Portion enthält so viel Kalzium wie
ein Viertelliter Milch. Mit fettarmem Käse bekommen
die Kinder dieses Kalzium ganz ohne die gehärteten
Fette des herkömmlichen Rezepts.*

Gesunde Zwischenmahlzeiten

Es klingt vielleicht zunächst abwegig, aber ich gebe meinen Kindern bei Verabredungen oft etwas mit, was sie mit ihren Freunden gemeinsam essen und teilen können. Das ist reine Selbsterhaltung, denn sie kamen viel zu oft missgelaunt nach Hause, weil es entweder nur Zuckerzeug oder überhaupt nichts gab. Inzwischen frage ich meine Kinder auch, was ihre Freunde wohl mögen. Sie dürfen die Dose oder Tüte für ihr Essen selbst aussuchen und mit einem Sticker verzieren, bevor wir die gewählte Zwischenmahlzeit einpacken. Es bleibt nie etwas übrig!

LIEBLINGSIMBISS IN MEINER FAMILIE:

- *Apfelschnitze, mit etwas Zitronensaft beträufelt (damit sie nicht braun werden)*
- *Käsestäbchen aus Mozzarella oder Cheddar*
- *Gesunde Muffins (siehe Seiten 50, 58, 61 und 63)*
- *Gurken- oder Möhrenstreifen*
- *Bananenbrot (siehe Seite 54)*
- *Schokokekse (siehe Seite 177)*

IDEEN VON FREUNDEN, DIE AUCH ELTERN SIND:

- *Käsecracker aus fettarmem Cheddar*
- *Aufgerollte Käse- oder Putenbrustscheiben*
- *Rosinen und andere Trockenfrüchte, gemischt mit Sonnenblumenkernen oder Studentenfutter (Rosinen und Nüsse)*
- *Gewürzgurken in Scheiben*
- *Pistazien und Walnüsse*
- *Wassermelone in Würfeln*
- *Bio-Butterkekse*
- *Erdnussmus mit Apfelschnitzen, Banane oder Reiscrackern*
- *Gefrorene Trauben*
- *Sojacracker*
- *Gemüsechips*
- *Cornflakes (möglichst zuckerarm und aus Vollkorn)*
- *Zuckerarmer Joghurt oder Trinkjoghurt (einfrieren, damit es nicht so kleckert)*
- *Müsliriegel, zuckerarm*
- *Brezeln mit Sesam*
- *Weizenvollkorn-Eiswaffeln*
- *Pita-Chips*

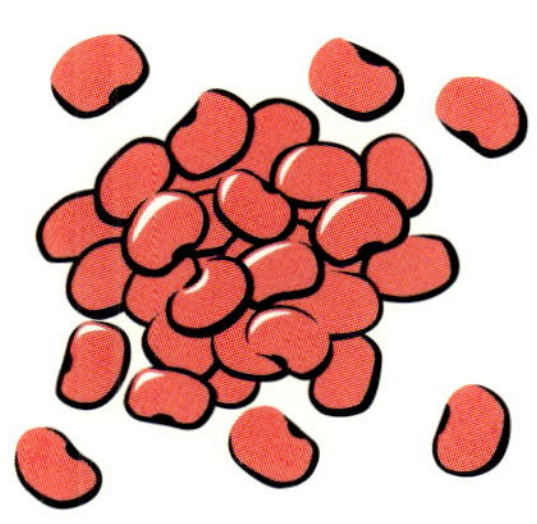

Käsenudeln 2

(MIT BOHNEN)

Unauffällig gefärbte Bohnen aus der Dose, ob Kichererbsen, weiße Bohnen oder Navybohnen, reichern jedes traditionelle Rezept mit Protein an. Noch mehr Nährwert bekommt das Gericht, wenn Sie 125 ml Blumenkohlpüree in die Käsesauce rühren.

Vorbereitung: 5 Min. • Insgesamt: 25 Min. • 8 Portionen • Zum Mitnehmen • Fleischlos

- **150 g gedrehte Hörnchenvollkornnudeln**
- **250 ml fettarme Milch**
- **80 g weiße Bohnen, Navybohnen oder Kichererbsen aus der Dose (abgespült, abgetropft)**
- **250 g geriebener Cheddar, fettarm**
- **½ TL Salz**
- **1 Messerspitze Knoblauchpulver**
- **1 Messerspitze Paprikapulver**
- **1 Messerspitze Pfeffer**

1 In einem großen Topf Salzwasser zum Kochen bringen. Pasta nach Packungsanweisung bissfest kochen und durch ein Sieb abgießen.

2 Während die Nudeln kochen, Milch und Bohnen in der Küchenmaschine zusammen pürieren.

3 Einen großen Topf auf mittlerer Stufe erhitzen. Bohnenpüree in der Pfanne unter Rühren 1 bis 2 Minuten braten, bis es gleichmäßig weich ist. Käse hinzugeben und in weiteren 1 bis 2 Minuten cremig weich schmelzen lassen. Mit Knoblauch, Paprika und Pfeffer würzen. Makkaroni unterrühren und warm servieren.

Jerry: *Kaum zu glauben, dass da Bohnen drin sind. Schmeckt hervorragend!*

Butternudeln

Mit Butternudeln sind die meisten Kinder schon sehr glücklich. Bei dieser Version bekommen sie auch ihr Gemüse.

Vorbereitung: 5 Minuten • Insgesamt: 25 Minuten • 4 Portionen • Ohne Fleisch

- **250 g Weizenvollkornspaghetti, Tagliatelle oder andere Pasta**
- **125 ml gelbes Zucchini- oder Sommerkürbispüree**
- **60 ml fettarme Milch**
- **2 EL Margarine**
- **2 EL geriebener Parmesan**
- **¼ TL Salz**

1 In einem großen Topf Wasser zum Kochen bringen. Pasta hinzufügen und nach Packungsanweisung bissfest kochen.

2 Abgießen, Pasta in den warmen Topf zurückfüllen und Püree (es sollte sehr cremig sein!), Milch, Margarine, Parmesankäse und Salz unterrühren.

Jessica: *Um Zeit zu sparen, kann man das Gemüse, das man als Beilage servieren möchte – zum Beispiel Möhren, Brokkoli oder grüne Bohnen –, im Nudelwasser mitkochen.*

Hamburger, Variante 1

Wenn es schnell gehen muss, können Sie rohen Blumenkohl oder Möhren in der Küchenmaschine fein hacken.

Vorbereitung: 10 Minuten • Insgesamt: 20 Minuten • 4 Portionen (8 kleine Burger)

- **225 g mageres Puten- oder Rinderhack**
- **80 g Paniermehl**
- **125 ml Blumenkohl- oder Möhrenpüree**
- **60 ml Milch**
- **2 EL Sojasauce**
- **2 Knoblauchzehen, gehackt**
- **1 Messerspitze Pfeffer**
- **1 EL Olivenöl**
- **8 kleine Vollkornbrötchen oder 8 große Scheiben Vollkorntoast zum Anrichten**
- **Käse, Gewürzgurken, Tomaten, Ketchup und Salat zum Dekorieren (nach Belieben)**

1 Ofen auf 200 °C vorheizen.

2 Fleisch, Paniermehl, Gemüsepüree, Milch, Sojasauce, Knoblauch und Pfeffer mit einem Holzlöffel vermengen. Die Mischung soll feucht sein. Acht kleine Frikadellen formen und auf Backpapier oder Alufolie legen.

3 Eine große, ofenfeste, beschichtete Pfanne auf mittlerer Stufe erhitzen. Öl in die heiße Pfanne geben, Frikadellen hineinlegen und in 4 bis 5 Minuten auf der ersten Seite knusprig braun braten. Wenden, Pfanne in den Ofen schieben und nochmals 4 bis 5 Minuten backen, bis die Frikadellen in der Mitte nicht mehr rosa sind. Jeden Burger nach Geschmack dekoriert in einem aufgeschnittenen Brötchen servieren.

Sascha: *Shepherd mag kein Fleisch, darum isst er diese Burger nicht. Aber wir mögen sie, stimmt's, Julian?*

Julian: *Und wie!*

Thunfischsalat

(MIT BLUMENKOHL)

Sieht sehr appetitlich aus, wenn man es auf Salatblättern anrichtet. Meine Kinder reagieren auf Salat allerdings mit Schreikrämpfen, so dass ich lieber Vollkornbrot verwende.

Zubereitung: 5 bis 8 Minuten • 4 Portionen

- **360 g Thunfisch aus der Dose, im eigenen Saft**
- **125 ml Blumenkohlpüree**
- **100 g Mayonnaise, fettreduziert**
- **2 Stängel Staudensellerie, fein gehackt oder geraspelt**
- **¼ TL Chilipulver (nach Belieben)**
- **¼ TL Paprika, edelsüß**
- **¼ TL Knoblauchpulver**
- **½ TL Salz (nach Belieben)**
- **1 Messerspitze Pfeffer**

1 Thunfisch gut abtropfen, in eine große Schüssel geben und mit einer Gabel sorgfältig zerpflücken.

2 Blumenkohlpüree und Mayonnaise unterziehen, danach den Sellerie und die Gewürze zugeben.

Joy: *Eine Portion von diesem Salat enthält 21 Gramm hochwertiges, mageres Protein und jede Menge B-Vitamine (wichtig für ein funktionierendes Immunsystem). Nehmen Sie lieber hellbraunen Thunfisch, keinen weißen, denn in weißem Thunfisch wurde viel Quecksilber nachgewiesen.*

Hamburger, Variante 2

Wenn Sie keine kleinen Vollkornbrötchen auftreiben können, können Sie auch mit einem Glas runde Scheiben aus Vollkorntoast ausstechen. Mit einer Küchenmaschine sind die Pilze und Zucchini im Nu gehackt.

Vorbereitung: 15 Minuten • Insgesamt: 35 Minuten • Ergibt 16 Minifrikadellen

- **450 g mageres Puten- oder Rinderhack**
- **225 g Shiitake-Pilze, geputzt und fein gehackt**
- **160 g Paniermehl (möglichst Vollkorn)**
- **¼ Zucchini (30–40 g), gehackt oder geraspelt**
- **1 EL Worcestershiresauce**
- **2 EL Ketchup**
- **½ TL Salz**
- **1 Messerspitze Pfeffer**
- **1 EL Olivenöl**
- **16 kleine Vollkornbrötchen zum Servieren**
- **Tomaten und Salat zum Anrichten (nach Belieben)**

1 Ofen auf 200 °C vorheizen.

2 Fleisch, Pilze, Paniermehl und Zucchini in einer großen Schüssel vermengen. Worcestershiresauce, Ketchup, Salz und Pfeffer gut unterrühren. Die Masse soll feucht sein. 16 flache Frikadellen formen und auf Backpapier oder Alufolie legen.

3 Eine große, ofenfeste, beschichtete Pfanne auf mittlerer Stufe erhitzen. Öl in die heiße Pfanne geben, Frikadellen hineinlegen und in 4 bis 5 Minuten auf der ersten Seite knusprig braun braten. Wenden, Pfanne in den Ofen schieben und nochmals 4 bis 5 Minuten backen, bis die Frikadellen in der Mitte nicht mehr rosa sind. Jeden Burger nach Geschmack dekoriert in einem aufgeschnittenen Brötchen servieren.

Jerry: *Hier frag ich lieber auch nicht, was da drin ist.*

Spaghettiauflauf

(MIT BROKKOLI UND MÖHRE)

Ein perfektes Rezept für Nudelreste vom Vortag.

Vorbereitung: 20 Minuten • Insgesamt: 45 Minuten • 8–10 Portionen

- **Öl für die Form**
- **200 g gekochte Nudeln (Reste) oder 100 g Vollkornspaghetti**
- **225 g mageres Puten- oder Rinderhack**
- **125 ml Brokkolipüree**
- **1 Eiweiß**
- **2 EL geriebener Parmesan**
- **2 Knoblauchzehen, gehackt**
- **500 ml Tomatensauce aus dem Glas**
- **200 g Hüttenkäse, fettarm**
- **60 ml Möhrenpüree**
- **½ TL Salz**
- **¼ TL Pfeffer**
- **150 g Mozzarella, geraspelt**

1 Ofen auf 175 °C vorheizen. Eine flache runde Kuchenform fetten.

2 In einem großen Topf Salzwasser zum Kochen bringen, Nudeln hineingeben und nach Packungsanweisung bissfest kochen. Durch ein Sieb abgießen.

3 Hackfleisch, Brokkolipüree, Eiweiß, Parmesan und Knoblauch in einer Schüssel mit einer Gabel vermengen. Klößchen von etwa 1 cm Durchmesser rollen.

4 Nudeln, Tomatensauce, Hüttenkäse, Möhrenpüree, Salz und Pfeffer in einer Schüssel vermengen. In die Kuchenform löffeln und glatt streichen. Fleischklößchen daraufsetzen und mit Mozzarella bestreuen. 25 bis 30 Minuten im Ofen backen, bis die Mitte fest wird und der Käse Blasen schlägt.

Sascha: *Das erinnert mich an Pizza, ist aber aus Spaghetti.*

Julian: *Die Kruste ist so knusprig!*

Aber ich bin am Verhungern!

Was macht man, wenn die Kinder mittags hungrig durch die Küche streifen, während Sie noch beim Kochen sind?

Eine Viertelstunde vor dem Essen stelle ich einen Teller rohes Gemüse zum Knabbern auf den Tisch und fordere die Kinder auf, sich zu bedienen. (Ich selber gönne mir öfter Beeren vor dem Frühstück.) So reagiere ich auf ihre Beschwerde, und sie bekommen etwas Gesundes, wenn sie wirklich Hunger haben (und sich nicht nur langweilen). Inzwischen verputzen sie Möhren und Sellerie mit großer Begeisterung, und das war nicht immer so. Wenn das gesamte Gemüse weg ist und sie dann beim Essen nicht mehr richtig zugreifen, habe ich damit kein Problem, denn ich weiß ja, dass sie schon reichlich gesunde Kost im Bauch haben.

Pasta Bolognese

Dieses Rezept ergibt acht Portionen Nudelsauce. Frieren Sie den Rest am besten ein. Fein gehackte, rohe Süßkartoffel ist ein guter Ersatz für das Püree.

Vorbereitung: 3 Minuten • Insgesamt: 10 Minuten • 4 Portionen

- **1 mittelgroße Zwiebel, fein gehackt**
- **2 Knoblauchzehen, fein gehackt**
- **1 EL Olivenöl**
- **3 Möhren**
- **1 Stängel Sellerie**
- **225 g mageres Rinderhack**
- **225 g mageres Putenhack**
- **½ TL Salz**
- **1 Messerspitze Pfeffer**
- **1 große Dose stückige Tomaten (840 g)**
- **225 ml Hühner- oder Rinderbrühe**
- **1 EL Zucker**
- **125 ml Süßkartoffelpüree**
- **2 EL geriebener Parmesan**
- **500 g Pasta (möglichst Vollkorn)**

1 Zwiebel und Knoblauch in der Küchenmaschine oder von Hand fein hacken.

2 Eine große, beschichtete Pfanne auf mittlerer Stufe erhitzen. Erst das Öl, dann die Zwiebel und den Knoblauch in die heiße Pfanne geben und 2 bis 3 Minuten anbraten, bis die Zwiebel weich wird.

3 In der Zwischenzeit die Möhren und den Sellerie putzen und in der Küchenmaschine fein hacken. In die Pfanne geben und noch 3 bis 4 Minuten mitgaren.

4 Auf höchste Stufe schalten. Hackfleisch zugeben und mit einem Holzlöffel in kleine Stücke zerstoßen. Salzen, pfeffern und 3 bis 4 Minuten braten, bis das Fleisch zu bräunen beginnt. Tomaten, Brühe und Zucker hinzugeben. Auf kleinste Stufe schalten, abdecken und unter gelegentlichem Umrühren 30 Minuten köcheln lassen. Süßkartoffelpüree und Parmesan unterziehen.

5 In der Zwischenzeit die Pasta nach Packungsanweisung bissfest kochen. Durch ein Sieb abgießen, dann wieder in den Topf füllen. Die heiße Sauce darübergeben und gründlich wenden.

Spaghetti mit Fleischklößchen

Übrig gebliebene Fleischklößchen sind eine willkommene Beilage zum Pausenbrot.

Vorbereitung: 20 Minuten • Insgesamt: 45 Minuten • 6 Portionen

- **225 g mageres Putenhack**
- **160 g Paniermehl**
- **125 ml Butternut-Kürbispüree**
- **1 Knoblauchzehe, gehackt**
- **1 TL Salz**
- **¼ TL und 1 Messerspitze schwarzer Pfeffer**
- **2 TL Olivenöl**
- **1 große Dose ganze, geschälte Tomaten im eigenen Saft, im Mixer püriert**
- **125 ml Wasser**
- **60 ml Möhrenpüree (nach Belieben)**
- **¼ TL Knoblauchpulver**
- **1 Prise Cayennepfeffer**
- **1 Lorbeerblatt**
- **500 g Spaghetti (möglichst Vollkorn)**

1 Hackfleisch, Paniermehl, Kürbismus, Knoblauch, ½ TL Salz und ¼ TL Pfeffer in einer Schüssel gut vermischen und zu Klößchen von etwa einem Zentimeter Durchmesser rollen. Die Klößchen auf Backpapier oder Alufolie legen.

2 Eine große, beschichtete Pfanne auf höchster Stufe erhitzen. Erst das Olivenöl, dann die Fleischklößchen in die Pfanne geben und unter gelegentlichem Wenden in 4 bis 5 Minuten bräunen.

3 Pürierte Tomaten, Wasser, Möhrenpüree (nach Belieben), Knoblauchpulver, Cayennepfeffer, Lorbeerblatt, ½ TL Salz und eine Messerspitze Pfeffer hinzufügen. 15 bis 20 Minuten auf niedrigster Stufe köcheln lassen. Die Fleischbällchen dürfen in der Mitte nicht mehr rosa sein. Das Lorbeerblatt herausnehmen.

4 In der Zwischenzeit einen großen Topf mit Salzwasser zum Kochen bringen. Die Nudeln nach Packungsanweisung bissfest kochen. Pasta in ein Sieb abgießen, in eine Servierschüssel füllen und die Fleischklößchen mit der Sauce darüberlöffeln.

Ranch Dressing

Zubereitung: 5 Minuten • Ergibt etwa 375 ml

- **250 ml Buttermilch**
- 160 g weiße Bohnen aus der Dose, abgespült, abgetropft und zerdrückt
- **2 EL Crème légère**
- **1 Knoblauchzehe, gehackt**
- **1 EL geriebener Parmesan**
- **1 EL getrocknete Petersilie**
- **½ TL Salz**
- **¼ TL Pfeffer**
- **1 Messerspitze Chilipulver (nach Belieben)**

Alle Zutaten in der Küchenmaschine zu einer glatten Sauce verarbeiten. Sofort servieren oder luftdicht verschlossen im Kühlschrank maximal drei Tage lagern.

Griechischer Dip

Zubereitung: 5 Minuten • 4 Portionen

- 160 g Kichererbsen und 170 g gehackte Artischockenherzen aus der Dose, abgespült und abgetropft
- **100 g Mayonnaise, fettarm**
- **2 EL geriebener Parmesan**
- **2 EL Zitronensaft**
- **1 Knoblauchzehe, zerdrückt**
- **½ TL Salz**
- **¼ TL Chilipulver (nach Belieben)**
- **1 Messerspitze Pfeffer**
- **1 Messerspitze Zwiebelpulver**

Die Kichererbsen in der Küchenmaschine pürieren. Artischockenherzen, Mayonnaise, Parmesan, Zitronensaft, Knoblauch und Gewürze hinzufügen und ebenfalls fein pürieren. Am besten sofort verbrauchen.

Quesadillas

Für Kinder, die kein Fleisch mögen, pürieren Sie das Hähnchenfleisch nach dem Kochen und mischen es in die Bohnencreme.

Vorbereitung: 15 Minuten • Insgesamt: 25 Minuten • 4 Portionen • Zum Mitnehmen

- 1 EL Olivenöl
- 225 g Hähnchenschnitzel oder Hähnchenbrust ohne Knochen, abgespült und trocken getupft
- ½ TL Salz
- 1 Messerspitze Pfeffer
- 1 Messerspitze Chilipulver (nach Belieben)
- 80 g weiße Bohnen (Dose), abgespült und abgetropft
- 125 g Crème légère
- 125 ml Butternut-Kürbispüree
- 60 g Cheddar, gerieben
- 4 Vollkorntortillas (20 cm Durchmesser)
- 125 ml Salsa (Fertigprodukt)

1 Ofen auf 200 °C vorheizen. Ein großes Backblech mit Backpapier auslegen.

2 Eine große, beschichtete Pfanne auf mittlerer Stufe erhitzen. Das Öl in die heiße Pfanne geben. Das Fleisch mit den Gewürzen einreiben, in die Pfanne geben und auf jeder Seite 4 bis 5 Minuten braten, bis es innen nicht mehr rosa ist. Hitze herunterschalten, abdecken und noch 9 bis 10 Minuten garen. Das Fleisch in dünne Scheiben schneiden oder notfalls pürieren.

3 Bohnen in einer kleinen Schüssel mit der Crème légère zerdrücken. In einer zweiten Schüssel Kürbismus und Käse vermischen.

4 Die Bohnenmischung auf zwei Tortillas streichen, dann die Hähnchenscheiben oder das Hähnchenpüree darauf arrangieren. Die anderen beiden Tortillas mit der Käsemischung bestreichen und auf die ersten legen, so dass zwei Sandwiches entstehen. Auf das Backblech legen und 5 bis 6 Minuten backen, bis die Tortillas kross sind. In Schnitze schneiden und mit Salsa servieren.

Tischregeln

Für mich war es wichtig, Regeln festzulegen, mit denen ich mich wohl fühle und die realistisch sind. Das hier sind meine Hausregeln (entscheiden Sie selbst, welche bei Ihnen passen).

✓ Kein Spielzeug bei Tisch. Ich habe zu viele Kinder. Wenn jedes Kind ein Spielzeug hat, wird es chaotisch.

✓ Kein Fernsehen, keine Computerspiele beim Essen.

✓ Wenn die Kinder nicht spielen dürfen, dürfen die Erwachsenen es auch nicht. Also auch kein Telefon!

✓ Jeder isst selbst (natürlich altersentsprechend).

✓ Die Kinder helfen dabei, den Tisch zu decken und Geschirr abzuräumen und machen abwechselnd den Platz des Babys sauber. Dafür haben wir einen kleinen Handfeger mit Kehrblech in der Küche.

✓ Wir sprechen nicht mit vollem Mund und laufen beim Essen nicht herum (aus Sicherheitsgründen).

✓ Wer mit seinem Essen spielt und nicht mehr isst, ist fertig.

✓ Wer höfliche Kinder möchte, muss ein gutes Vorbild abgeben. Achten Sie auf die Worte »Bitte« und »Danke«, und behalten Sie die Ellenbogen vom Tisch, damit die Kinder es nachmachen.

✓ Servietten auf dem Schoß sind schon fortgeschrittene Etikette. Ich mache ein Spiel daraus, meine eigene mit großer Geste auszubreiten. Dann wollen die Kinder das natürlich auch!

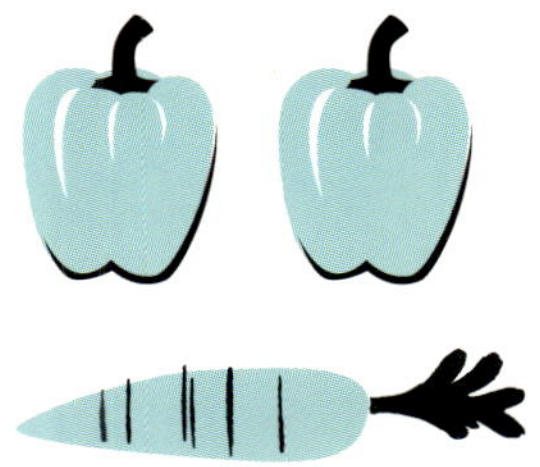

Salsa Dip

Wenn Sie wissen, dass Ihre Kinder Tacosauce mögen, empfehle ich diesen Dip. Dazu gibt es eine Schale rohes Gemüse oder gebackene Tortillachips oder eben Tacos.

Zubereitung: 5 Minuten • 6 Portionen

- **160 g schwarze oder Kidneybohnen (Dose)**
- **250 ml Salsa (Fertigprodukt)**
- **120 g Frischkäse, fettarm**
- **60 ml rotes Paprika- oder Möhrenpüree**
- **1 EL Tacogewürz (ohne Natriumglutamat)**

Alle Zutaten in einer Schüssel zu einer gleichmäßigen Sauce verrühren. Bei Zimmertemperatur servieren oder 1 Minute in der Mikrowelle erhitzen.

Jerry: *Meine Freunde und ich naschen das gern beim Fernsehen.*

Kartoffelcremesuppe

Diese nahrhafte Schonkost tische ich auf, wenn ein Kind Bauchweh hat oder erkältet ist.

Vorbereitung: 15 Minuten • Insgesamt: 45 Minuten • 8 Portionen • Ohne Fleisch

- **2 TL Olivenöl**
- **1 kleine Zwiebel, gehackt**
- **1 Knoblauchzehe, halbiert**
- **400 ml Hühnerbrühe**
- **1 kg Kartoffeln, geschält und fein gewürfelt**
- **125 ml Blumenkohlpüree**
- **375 ml Butternut-Kürbis- oder Möhrenpüree**
- **250 ml Buttermilch**
- **½ TL Salz**
- **30 g geraspelter Cheddar, fettarm (nach Belieben)**
- **Croutons (in Butter geröstete Weißbrotwürfel, nach Belieben)**

1 Einen großen Topf auf mittlerer Stufe erhitzen. In den heißen Topf erst das Öl, dann die Zwiebel und den Knoblauch geben und unter gelegentlichem Umrühren 5 bis 6 Minuten anbraten, bis die Zwiebel weich, aber nicht braun ist. (Aufpassen, dass der Knoblauch nicht verbrennt!)

2 Die Brühe und die Kartoffeln hinzufügen und einmal aufkochen. Hitze herunterschalten und mit offenem Deckel 20 bis 25 Minuten köcheln lassen, bis die Kartoffeln gar sind.

3 Die Suppe vorsichtig in einen Mixer oder in die Küchenmaschine schöpfen. Püriertes Gemüse, Buttermilch und Salz hinzufügen und alles gleichmäßig pürieren. In Suppenschüsseln anrichten und nach Geschmack mit Käse und Croutons garnieren.

Julian: *Das soll Suppe sein? Schmeckt ja wie Kartoffelbrei!*

Lasagne

Schneller funktioniert dieses Rezept mit einem großen Glas (720 ml) Ihrer Lieblingstomatensauce anstelle von Dosentomaten, Zwiebel und Knoblauch. Den Parmesankäse dann einfach in die Sauce rühren.

Vorbereitung: 20 Minuten • Insgesamt: 70 Minuten • 8–10 Portionen

- **Öl für die Form**
- **1 EL Olivenöl**
- **450 g mageres Puten- oder Rinderhack**
- **1 TL Salz**
- **¼ TL Pfeffer**
- **1 EL Mehl (möglichst Vollkorn)**
- **3 Knoblauchzehen, gehackt**
- **2 EL Crème légère**
- **125 ml Süßkartoffelpüree**
- **110 g geriebener Parmesan**
- **1 große (720 ml) oder zwei kleine (450 ml) Dosen geschälte Tomaten im eigenen Saft**
- **1 kleine Zwiebel, gehackt**
- **200 g Hüttenkäse, fettarm**
- **1 Eiweiß**
- **125 ml Blumenkohlpüree**
- **1 Schachtel Lasagneplatten ohne Vorkochen**
- **300 g fettarmer Mozzarella, geraspelt**

1 Ofen auf 175 °C vorheizen. Eine Auflaufform mit Öl einpinseln.

2 Eine große, beschichtete Pfanne auf mittlerer Stufe erhitzen. In die heiße Pfanne erst das Olivenöl, dann das Hackfleisch geben, salzen, pfeffern und unter gelegentlichem Umrühren 4 bis 5 Minuten braten, bis das Fleisch nicht mehr rosa ist. Mehl und die Hälfte des Knoblauchs hineinstreuen, umrühren und noch 1 bis 2 Minuten weitergaren. Vom Herd nehmen. Crème légère, Süßkartoffelpüree und die Hälfte des Parmesans (50 bis 60 Gramm) unterrühren. Beiseitestellen.

3 Für die Sauce die Tomaten mit dem Saft, der Zwiebel und dem restlichen Knoblauch und Parmesan im Mixer oder in der Küchenmaschine gleichmäßig zerkleinern. Sauce in eine Schüssel oder in einen großen Messbecher umfüllen. Oder Sie nehmen Fertigsauce und ergänzen nur den Parmesan.

4 Im gleichen Mixer den Hüttenkäse mit Eiweiß und Blumenkohlpüree fein pürieren. Beiseitestellen.

5 Für die Lasagne zuerst etwa einen Vierteliter Tomatensauce in die Form gießen. Etwa ein Drittel der Nudelplatten darauflegen, bis die Sauce vollständig bedeckt ist. Die Fleischfüllung darübergeben (für eine fleischlose Mahlzeit jetzt einfach eine Lage Hüttenkäse nehmen). Mit dem nächsten Drittel der Nudeln bedecken, dann die gesamte Hüttenkäsemischung darüberstreichen. Eine dritte Lage Nudeln verteilen und die restliche Tomatensauce darauf verteilen. Gleichmäßig mit Mozzarella bestreuen.

6 Die Lasagne mit Alufolie abdecken und etwa 40 Minuten backen, bis der Käse schmilzt und die Nudeln gar sind. Folie entfernen und noch 10 Minuten weiter backen, bis die Oberfläche Blasen schlägt und braun wird.

Jessica: *Das schmeckt perfekt und ist durch die fertigen Lasagneplatten schnell gemacht.*

Aufgaben für kleine Helfer

Bei den Mahlzeiten bekommen meine Kinder altersgemäße Aufgaben zugeteilt wie Tisch decken, abräumen oder sich selbst bedienen. So geht es ziemlich gesittet zu. Sie lassen sich gerne einbeziehen und kommen rechtzeitig, weil sie sich nützlich machen möchten.

Wenn Kinder sich selbst bedienen dürfen, fühlen sie sich unabhängig und beteiligt – sie haben das Gefühl, wählen zu können, anstatt essen zu müssen, was man ihnen vorsetzt.

Auch die Brotzeit für Schule oder Kindergarten sollen sie selbst herrichten. Einiges machen sie gern, nämlich:

1 Obst und Gemüse waschen und abtrocknen.

2 Snacks abzählen und in Plastiktüten stecken.

3 Servietten falten.

4 Zum Schluss legen wir alles auf dem Boden auf ein Handtuch, und sie packen es so gut ein, wie sie können.

Gegrilltes Käsesandwich

Das ist typisch amerikanisch.

Vorbereitung: 5 Minuten • Insgesamt: 15 Minuten • 2 Portionen • Ohne Fleisch

- **50 bis 60 g fettarmer Cheddar, gerieben**
- **125 ml Süßkartoffel- oder Butternut-Kürbispüree**
- **1 EL Margarine**
- **¼ TL Salz**
- **4 Scheiben Vollkorntoast**
- **1 TL Olivenöl**

1 Käse, Gemüsepüree, Margarine und Salz in einer Schüssel gut verrühren. Zwei Scheiben Brot mit der Paste bestreichen. Die anderen beiden Scheiben darauflegen.

2 Eine große, beschichtete Pfanne auf mittlerer Stufe erhitzen. Das Öl in die heiße Pfanne geben. Sandwiches in die Pfanne legen und 4 bis 5 Minuten pro Seite anbraten, bis das Brot knusprig und die Füllung geschmolzen ist.

Jerry: *Die kriege sogar ich hin.*
Julian: *Aber nicht so gut wie Mami.*

Avocadoaufstrich

Das ist unsere Version von Guacamole. Trotz der hellgrünen Farbe ist sie bei uns ziemlich beliebt.

Zubereitung: 8 Minuten • Ergibt etwa 375 ml

- **250 ml Avocadopüree**
- **125 ml Magerjoghurt**
- **1 EL fettarme Mayonnaise**
- **1 EL Zitronensaft**
- **½ TL Salz**
- **1 Messerspitze Knoblauchpulver**

Alle Zutaten in einer Schüssel mit einer Gabel oder einem Holzlöffel vermengen. Wenn der Aufstrich nicht sofort serviert wird, ein Stück Frischhaltefolie darüberlegen und mit den Fingern alle Luft herausdrücken, damit das lebhafte Grün nicht dunkel wird. Luftdicht verschlossen im Kühlschrank maximal zwei Tage haltbar, tiefgekühlt bis zu einem Monat.

Julian: *Das schmeckt mir auf Tacos!*

Sascha: *Mir nicht.*

Jessica: *Pst. Sie bekommt dasselbe in ihren Quesadillas!*

Doppelt gebackene Kartoffeln

(MIT BLUMENKOHL)

Mit Mikrowelle ist dieses Gericht in 10 Minuten fertig.

15 Minuten • Insgesamt: 80–85 Minuten • 4 Portionen

- **4 große, mehlig kochende Kartoffeln**
- **250 ml Blumenkohlpüree**
- **125 g Crème légère**
- **2 EL Margarine**
- **1 Knoblauchzehe, gehackt**
- **¼ TL Salz**
- **¼ TL Pfeffer**
- **2 Scheiben Frühstücksspeck oder Putenschinken, angebraten und klein geschnitten (nach Belieben)**

1 Ofen auf 200 °C vorheizen.

2 Kartoffeln waschen und von allen Seiten mit einer Gabel einstechen. Auf ein mit Alufolie ausgelegtes Backblech legen und 50 bis 55 Minuten backen, bis ein Messer widerstandslos hindurchgleitet.

3 Kartoffeln abkühlen lassen, bis man sie anfassen kann. Längs halbieren und das Innere bis auf etwa einen halben Zentimeter vor der Schale herauslöffeln.

4 Das Kartoffelfleisch mit Blumenkohlpüree, Crème légère, Margarine, Knoblauch, Salz und Pfeffer durchstampfen. Den Brei wieder in die Schalen löffeln. Kartoffeln auf das Backblech setzen und 15 Minuten backen. Nach Belieben mit Schinkenstückchen bestreuen.

Variante

Statt des Schinkens kann man die Kartoffeln vor dem Backen auch mit fettarmem, geriebenem Cheddar oder fettarmem Mozzarella bestreuen oder einen Klecks Joghurt oder Hüttenkäse daraufsetzen.

Waffelsandwich

Eigentlich sind das gar keine Waffeln, sondern Vollkorntoast im Waffeleisen gebacken. Die Kinder mögen das Waffelartige und kommen nie darauf, dass in der Füllung Süßkartoffeln versteckt sind.

Vorbereitung: 5 Minuten • Insgesamt: 8 Minuten • 4 Portionen • Ohne Fleisch

- **100 g Hüttenkäse**
- **125 ml Süßkartoffelpüree**
- **1 Eiweiß**
- **1 TL brauner Zucker**
- **¼ TL Salz**
- **8 Scheiben Vollkorntoast ohne Rinde**

1 Ein elektrisches Waffeleisen für eckige Waffeln oder einen Sandwichtoaster vorheizen.

2 Hüttenkäse, Süßkartoffelpüree, Eiweiß, Zucker und Salz in der Küchenmaschine oder im Mixer pürieren. Vier Scheiben Brot damit bestreichen und die übrigen Scheiben darauflegen.

3 Die Sandwiches nacheinander in das Waffeleisen legen und den Deckel schließen. 2 bis 3 Minuten backen, bis die Brotscheiben zusammenhaften und die Füllung nicht mehr zerläuft.

Variante

Tiefgekühlte Vollkornwaffeln auftauen und die Füllung dazwischenstreichen. Eine beschichtete Pfanne auf mittlerer Stufe erhitzen. Einen Teelöffel Pflanzenöl in die heiße Pfanne geben, die »Waffelwiches« hineinlegen und 4 bis 5 Minuten von jeder Seite anbraten, bis die Füllung gar ist.

Geselligkeit

Meiner Erfahrung nach schmeckt es am besten, wenn die ganze Familie zusammenkommt. In einer liebevollen, familiären Atmosphäre starrt ein Kind nicht nur die ganze Zeit auf seinen Teller, und ein mäkeliges Kind ist mit etwas Ablenkung weniger wählerisch. Ich versuche, die Mahlzeiten meiner Kindheit nachzuahmen, wo es gesellig und entspannt herging und man sich angeregt unterhielt. (Moment, das habe ich wohl eher geträumt!)

Dennoch: Sobald wir beim Essen sitzen, beginne ich, entspannt von meinen eigenen Erlebnissen an diesem Tag zu erzählen. Die Kinder antworten mit ihren Geschichten, und im Nu ist das Essen vorüber, ohne dass auch nur einer Schluckauf bekommen hätte. Natürlich ist es heutzutage nicht einfach, alle an einen Tisch zu bekommen. Aber wenn Sie selbst nicht dabei sein können, bitten Sie denjenigen, der auf die Kinder aufpasst, sich zu ihnen zu setzen, auch wenn er oder sie nicht mitisst, damit wenigstens jemand mit ihnen spricht.

Rote Pfannkuchen

(MIT ROTER BETE)

Wenn Sie eine Fertigmischung Pfannkuchenteig mit geriebenem Apfel, pürierter Roter Bete und etwas Ricotta anreichern, bekommen Sie eine eiweißreiche Mahlzeit.

Vorbereitung: 10 Minuten • Insgesamt: 13–15 Minuten • Reicht für 4 kleine Kinder

- 180 ml Wasser
- 60 g Ricotta-Käse
- 60 ml Rote-Bete-Püree
- 1 TL Vanilleextrakt
- ½ TL Zimt
- 100 g Pfannkuchenmischung (1 Tasse)
- ½ geriebener Apfel
- 1 EL Pflanzenöl
- Ahornsirup oder Früchte zum Anrichten

1 Wasser, Ricotta, pürierte Rote Bete, Vanilleextrakt und Zimt im Mixer oder in der Küchenmaschine pürieren. Die Mischung in eine Schüssel geben. Pfannkuchenmischung und Apfel hinzugeben und nicht zu gründlich durchrühren – der Teig soll etwas klumpig bleiben.

2 Eine große beschichtete Pfanne auf mittlerer Stufe erhitzen, dann das Öl hinzugeben. Pro Pfannkuchen etwa eine halbe Saucenkelle in die Pfanne geben und 1 bis 2 Minuten backen, bis der Teig gerinnt und auf der Oberfläche Blasen schlägt. Mit einem Pfannenwender umdrehen und in weiteren 2 bis 3 Minuten auf der anderen Seite goldbraun backen. Mit Sirup oder Früchten garnieren und warm servieren.

Julian: *Pfannkuchen zum Abendbrot? Ich glaube, meine Mama spinnt manchmal ein bisschen!*

Tortillaröllchen

Gerollte Tortillas sind bei uns sehr beliebt. Man kann sie gut zum Picknick oder für unterwegs mitnehmen, weil sie auch kalt schmecken. Vegetarier lassen das Fleisch einfach weg.

Vorbereitung: 10 Minuten · Insgesamt: 15 Minuten · 6 Portionen · Zum Mitnehmen

- **200 g gebratenes oder gekochtes Hähnchen- oder Putenfleisch in Würfeln (oder püriert)**
- **50–60 g geriebener Cheddar oder Emmentaler, fettarm**
- 125 ml gelbes Zucchinipüree
- 125 ml Möhrenpüree
- **120 g fettarmer Frischkäse**
- **¼ TL Knoblauchpulver**
- **¼ TL Salz**
- **6 große Vollkorntortillas**

1 Ofen auf 175 °C vorheizen. Backblech mit Alufolie oder Backpapier auslegen.

2 In einer großen Schüssel Fleischwürfel, Käseraspel, Gemüsepürees, Frischkäse, Knoblauchpulver und Salz verrühren.

3 Tortillas halbieren. Eine Hälfte mit der geraden Kante nach vorne auf die Arbeitsplatte legen. Zwei Esslöffel der Füllung auf die gesamte Kante streichen. Tortillas von dieser Kante aus wie eine Zigarre zusammenrollen, so dass die Füllung komplett umschlossen ist. Mit der Saumseite nach unten auf das Backblech legen. Die anderen Tortillas ebenso füllen und rollen.

4 In 4 bis 5 Minuten backen, bis die Tortillas zu bräunen beginnen. Vor dem Servieren etwas abkühlen lassen.

Shepherd: *Mhmm…lecker!*

Hackbrötchen

(MIT SÜSSKARTOFFEL UND BUTTERNUT-KÜRBIS ODER ROTER PAPRIKA)

Ich nehme für dieses Gericht Hot-Dog-Brötchen. Manchen Kindern gefallen Hot-Dogs ohne Würstchen besonders gut.

Vorbereitung: 25 Minuten • Insgesamt: 45 Minuten • 8 Portionen

- 1 EL Olivenöl
- 1 rote Zwiebel, gehackt
- 60 g Knollensellerie, gehackt
- 2 Knoblauchzehen, zerdrückt
- 450 g mageres Puten- oder Rinderhack
- 125 ml Süßkartoffelpüree
- 125 ml Butternut-Kürbis- oder rotes Paprikapüree
- 1 Möhre, fein gehackt (nach Belieben)
- 125 ml Rinderbrühe
- 60 ml Tomatenmark
- 1 EL Worcestershire-Sauce
- 1 TL Chilipulver (nach Belieben)
- ½ TL Salz
- 1 Messerspitze Pfeffer
- 8 Vollkornhamburger oder Hot-Dog-Brötchen

1 Eine große, beschichtete Pfanne auf mittlerer Stufe erhitzen. In die heiße Pfanne erst das Öl, dann Zwiebel, Sellerie und Knoblauch geben und 3 bis 4 Minuten braten, bis die Zwiebel weich, aber noch nicht braun wird.

2 Das Fleisch hinzufügen und mit einem Holzlöffel zerkleinern. 4 bis 5 Minuten anbraten, bis es nicht mehr rosa ist.

3 Gemüsepürees, Möhrenraspel (nach Belieben), Rinderbrühe, Tomatenmark, Worcestershiresauce, Chilipulver (nach Belieben), Salz und Pfeffer hinzufügen. Hitze herunterschalten, abdecken und 15 bis 20 Minuten köcheln lassen, bis die Flüssigkeit um die Hälfte reduziert ist.

4 Die Brötchen mit der Mischung füllen.

Shepherd: *Gibt's Hot-Dog?*
Sascha: *Von wegen!*
Das sind Mamis Hackbrötchen.

Tacos

Kinder haben ihren Spaß daran, wenn sie ihre Tacos selber füllen und nach Belieben dekorieren können.

Vorbereitung: 10 Minuten • Insgesamt: 30 Minuten • 6–8 Portionen

- 1 EL Olivenöl
- 450 g mageres Rinder- oder Putenhack
- 1 Dose stückige Tomaten (400 g) im eigenen Saft
- 125 ml Süßkartoffel-, Möhren- oder Butternut-Kürbispüree
- Taco-Gewürz ohne Natriumglutamat (nach Belieben)
- 1 Packung Taco-Shells (18 Stück)
- 60 g geraspelter Cheddar oder Mozzarella, fettarm

ZUM GARNIEREN:
- 250 g Kirschtomaten, geputzt, geviertelt
- 50 g Mais (Dose)
- 60 g Crème légère
- 3 große Blätter Romana-Salat, in feinen Streifen
- ½ kleine Avocado, entsteint, geschält und in Schnitzen
- 1 kleine rote Paprika, geputzt und in feinen Streifen

1 Eine große, beschichtete Pfanne auf mittlerer Stufe erhitzen. Erst das Öl, dann das Fleisch in die heiße Pfanne geben. Das Fleisch mit einem Holzlöffel zerstoßen und unter gelegentlichem Rühren 4 bis 5 Minuten anbraten.

2 Tomaten samt Saft, Gemüsepüree und Taco-Gewürz (nach Belieben) unterrühren. Hitze herunterschalten und 10 bis 15 Minuten köcheln lassen, bis das Fleisch nicht mehr rosa ist und die Füllung eindickt.

3 Ofen auf 165 °C vorheizen. Taco-Shells mit der Fleischmasse füllen und mit Käse bestreuen. In eine Backform setzen und 5 bis 10 Minuten backen, bis der Käse schmilzt. Jeder garniert nach Lust und Laune selbst

Putenchili

(MIT ROTER PAPRIKA UND MÖHRE)

Sie können die Bohnen auch pürieren. Um Zeit zu sparen, kann man die Möhre und die Paprika auch roh in der Küchenmaschine hacken.

Vorbereitung: 15 Minuten • Insgesamt: 35 Minuten • 8 Portionen

- 1 EL Olivenöl
- 1 rote Zwiebel, gehackt
- 450 g mageres Putenhack
- 2 Knoblauchzehen, zerdrückt
- 1 EL Chilipulver (nach Belieben)
- 1 TL Salz
- ¼ TL Paprika, edelsüß
- 1 Messerspitze Pfeffer
- 1 Dose stückige Tomaten (400 g)
- 720 ml Hühnerbrühe
- 125 ml rotes Paprikapüree
- 125 ml Möhrenpüree
- 35 g Maisstärke
- 2 EL gemahlener Leinsamen
- 1 Dose Kidneybohnen (400 g), abgespült und abgetropft

1 Einen großen Topf auf mittlerer Stufe erhitzen. Öl in den heißen Topf geben und die Zwiebel darin in etwa 2 Minuten braten.

2 In der Zwischenzeit das Putenfleisch mit Knoblauch, Chili, Salz, Paprika und Pfeffer würzen. In den Topf geben und unter gelegentlichem Rühren 5 bis 6 Minuten anbraten, bis es nicht mehr rosa ist.

3 Tomaten einrühren. Brühe, pürierte Paprika, Möhrenpüree, Maisstärke und Leinsamen dazugeben und gut durchrühren. Einmal aufkochen, dann herunterschalten und zugedeckt 15 Minuten köcheln lassen, bis sich alles verbunden hat. Bohnen unterrühren und kurz mitkochen, bis sie heiß sind.

Sascha: *Igitt, Bohnen sind eklig.*
Jessica: *Nächstes Mal püriere ich sie.*

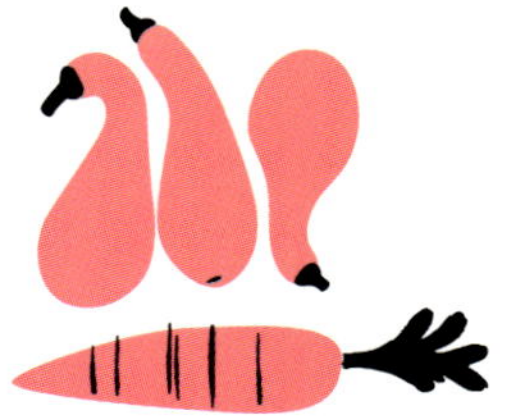

Couscous

Gelbe Zucchinis haben dieselbe Farbe wie Couscous...

Vorbereitung: 5 Minuten • Insgesamt: 15 Minuten • 8 Portionen • Zum Mitnehmen

- **125 ml Hühnerbrühe**
- **250 ml Couscous (möglichst Vollkorn)**
- **125 ml gelbes Zucchinipüree**
- **60 ml Möhrenpüree**
- **2 EL Margarine**
- **1 EL Parmesan, gerieben**
- **1 Knoblauchzehe, zerdrückt (nach Belieben)**
- **½ TL Salz**
- **¼ TL Pfeffer**

1 Brühe in einem mittelgroßen Topf aufkochen.

2 Platte ausschalten, Couscous, Pürees, Margarine, Parmesan, Knoblauch (nach Belieben), Salz und Pfeffer unterrühren. Abdecken und 6 bis 7 Minuten stehen lassen, bis das Couscous alle Flüssigkeit aufgenommen hat und weich ist.

Joy: *Das ist eine feine, kalorienarme Beilage (nur 40 Kalorien und weniger als 1 Gramm Fett pro großer Portion). Die Gemüsepürees sorgen für mehr Volumen und weniger Kalorien in dieser eigentlich stark kohlehydrathaltigen Speise. Die Möhren liefern zusätzlich wertvolles Betakarotin für die Augen.*

Guter Rat für gutes Essen

Da ich mich sehr für das Thema Kinderernährung interessiere, habe ich mich ausführlich mit meinen wichtigsten Beratern, Patricia Schimm und Jean Mandelbaum, unterhalten. Sie haben mir erklärt, dass Kinder später umso mehr Essprobleme haben werden und Essen als umso unangenehmer empfinden, je mehr Druck wir bei den Mahlzeiten auf sie ausüben. Beide Experten stimmen darin überein, dass Kinder fast alles essen, solange es keinen Machtkampf darum gibt. Pat Schimm behauptet sogar, dass es entspannter zugeht, wenn man bei Tisch über andere Themen redet als über das, was auf dem Teller liegt. Aber ich habe noch mehr von den beiden gelernt:

1 Grundsätzlich sollte man Kinder nie zum Essen zwingen. Sie verhungern schon nicht.

2 Die meisten Kleinkinder sind wählerisch und mäkelig beim Essen. Das ist normal. In diesem Alter lautet die Reaktion auf einen vollen Teller häufig: »Das mag ich nicht.« Wenn sie allerdings die Wahl zwischen gesunden Dingen haben – wo keine Wahl falsch sein kann –, sind Eltern und Kind zufrieden.

3 Ein Kind, das alt genug ist, selbst zu essen – meist ab 9 bis 12 Monaten –, sollte das auch dürfen. Wenn Kinder sich selbst bedienen, entwickeln sie Unabhängigkeit und Selbstvertrauen. Ein kleines Kind, das alleine essen darf, wird bestimmt ein gutes Verhältnis zu Lebensmitteln entwickeln, weil niemand sich in sein Territorium einmischt. Zudem erleichtere ich meinen Kindern das Essen, wenn ich keinen großen Zirkus darum mache.

SÜSSSPEISEN

Brownies

(MIT MÖHRE UND SPINAT)

Diesen Brownies kam noch keiner auf die Schliche! Sie sind einfach unwiderstehlich – probieren Sie's aus. Man darf sie nur nicht warm essen, denn der Spinatgeschmack verfliegt erst nach dem vollständigen Erkalten.

Vorbereitung: 15 Min. • Insgesamt: 55 Min. • 12 kleine Stücke • Zum Mitnehmen

- **Fett für die Form**
- **85 g Halbbitter- oder Zartbitterschokolade (5 bis 6 Rippen)**
- **125 ml Möhrenpüree**
- **125 ml Spinatpüree**
- **100 g brauner Zucker**
- **30 g Kakaopulver (ungesüßt)**
- **2 EL Margarine**
- **2 TL Vanilleextrakt**
- **2 Eiweiß**
- **110 g Mehl**
- **½ TL Backpulver**
- **½ TL Salz**

1 Ofen auf 175 °C vorheizen. Eine quadratische Backform (20 × 20 cm) mit Fett auspinseln.

2 Schokolade im Wasserbad schmelzen.

3 Gemüsepürees, Zucker, Kakao, Margarine, Vanille und geschmolzene Schokolade in einer großen Schüssel 1 bis 2 Minuten zu einer glatten Creme verrühren.

4 Das Eiweiß unterschlagen. Mehl, Backpulver und Salz mit einem Holzlöffel unterziehen.

5 Den Teig in die Form gießen und 35 bis 40 Minuten backen. In der Form vollständig auskühlen lassen, in 12 Stücke schneiden.

Joy: *Diese Brownies haben wenig Kalorien (nur 133 pro Stück) und kaum gehärtete Fette. Stattdessen liefern sie volle 3 Gramm Ballaststoffe (ein echter Rekord für Schokoladenkuchen!) und dank Spinat und Möhren auch noch jede Menge antioxidative Stoffe.*

Heißer Schokopudding

Ich liebe diesen Pudding!

Vorbereitung: 5 Minuten • Insgesamt: 10 Minuten • 8–10 Portionen

- **45 g Margarine**
- **250 ml pürierte Avocado**
- **100 g Puderzucker, gesiebt**
- **55 g Kakao, ungesüßt**
- **1 TL Vanilleextrakt**
- **35 g Maisstärke**

1 Die Margarine auf kleiner Stufe in einem mittelgroßen Topf schmelzen.

2 Avocadopüree, Zucker, Kakao und Vanille unterrühren. 3 bis 4 Minuten kochen, bis die Mischung eindickt, dabei mit einem Silikonspatel alle Avocadoklümpchen zerdrücken. Vom Herd nehmen und langsam die Stärke unterrühren. Warm servieren.

Sascha: *He, wo hat Mami den Pudding versteckt?*

Donuts

Ein lockeres, leichtes Gebäck. Mit einem Hauch Puderzucker wird es unwiderstehlich.

Vorbereitung: 10 Minuten • Insgesamt: 35 Minuten • Ergibt 24 Minidonuts

- **Öl für die Form**
- **100 g brauner Zucker**
- **125 ml Kürbispüree**
- **125 ml Süßkartoffelpüree**
- **125 ml fettarme Milch oder Buttermilch**
- **1 Eiweiß**
- **1 EL Margarine**
- **1 TL Vanilleextrakt**
- **150 g Mehl**
- **1 TL Natron**
- **½ TL Backpulver**
- **½ TL Zimt**
- **25 g Puderzucker**

1 Ofen auf 175 °C vorheizen. Eine Donutform oder eine Form für 12 Minimuffins mit Öl auspinseln.

2 Zucker, Gemüsepürees, Milch, Eiweiß, Margarine und Vanille in einer großen Schüssel verrühren. Mehl, Natron, Backpulver und Zimt dazugeben und rühren, bis sich alles verbunden hat.

3 Den Teig in die Formen füllen und 20 bis 25 Minuten backen, bis die Oberfläche leicht bräunt und ein Zahnstocher rückstandslos wieder herausgezogen werden kann. Donuts auf einem Kuchengitter abkühlen lassen, danach mit Puderzucker bestäuben.

4 Luftdicht verpackt bei Zimmertemperatur maximal zwei Tage haltbar, im Gefrierschrank bis zu einem Monat.

Julian: *Meine Freunde lieben Mamis Donuts.*

Schokoladen-Erdnuss-Dip

(MIT MÖHRE)

Als Snack oder Nachspeise mit Gemüsestreifen oder frischem Obst servieren.

Zubereitung: 5 Minuten • 4 Portionen

- **150 g Erdnusscreme, naturbelassen**
- **120 g fettarmer Frischkäse**
- **6 EL Schokoladensirup**
- **60 ml Möhrenpüree**
- **½ TL Salz**
- **Fruchtschnitze oder Gemüsestreifen zum Dippen**

Alle Zutaten bis auf die Fruchtschnitze bzw. das Gemüse in einer Schüssel zu einer glatten Creme verrühren. Mit den Früchten oder Gemüsestreifen dippen.

Bananen-Marshmallow-Dip

(MIT BUTTERNUT-KÜRBIS)

Noch so ein Gemüse-Nachtisch!

Zubereitung: 5 Minuten • 4 Portionen

- **250 ml Butternut-Kürbispüree**
- **250 ml pürierte Banane (etwa 2 Bananen)**
- **35 g Minimarshmallows**
- **Fruchtschnitze zum Dippen**

Kürbis- und Bananenpüree in einer für die Mikrowelle geeigneten Schale verrühren. Abdecken und 1 bis 2 Minuten erwärmen. Marshmallows unterrühren und warm mit den Fruchtschnitzen servieren.

Glasierte Schokomuffins

Schokoladenstückchen und Ahornsirup, und die ganze Familie ist glücklich.

Vorbereitung: 10 Min. • Insgesamt: 35 Min. • Ergibt 12 Muffins • Zum Mitnehmen

TEIG:

- **Rapsöl oder Muffinförmchen aus Papier für die Form**
- **250 ml Kürbispüree**
- **125 ml gelbes Zucchinipüree**
- **100 g brauner Zucker**
- **125 ml Wasser**
- **80 ml Maiskeimöl**
- **1 TL Vanilleextrakt**
- **330 g Mehl**
- **1 ½ TL Natron**
- **½ TL Salz**
- **75 g Schokotröpfchen, Halbbitter**

GLASUR:

- **240 g fettarmer Frischkäse**
- **80 ml Ahornsirup**
- **2 TL Vanilleextrakt**
- **1 Messerspitze Salz**

1 Ofen auf 175 °C vorheizen. Eine 12er-Muffinform mit Öl auspinseln oder mit Backförmchen auslegen.

2 Die Pürees in eine große Rührschüssel geben. Zucker, Wasser, Öl und Vanille hinzufügen und rühren, bis alles gut miteinander verbunden ist.

3 Jetzt Mehl, Natron, Salz und Schokotröpfchen hinzufügen und gründlich unterrühren. Den Teig auf die Muffinformen verteilen. Etwa 20 bis 25 Minuten backen, bis die Oberfläche der Muffins leicht gebräunt ist und auf Berührung zurückfedert. Kuchen vor dem Glasieren auf einem Kuchengitter abkühlen lassen.

4 Für die Glasur den Frischkäse mit Ahornsirup, Vanille und Salz glatt rühren. Auf die abgekühlten Muffins streichen.

5 Luftdicht bei Zimmertemperatur sind die Muffins maximal zwei Tage haltbar, einzeln verschweißt und tiefgekühlt bis zu einem Monat.

Wer nörgelt am meisten?

Eines Abends hörte ich mir plötzlich selber zu, wie ich meine Kinder beschwor, doch bitte ihr Gemüse zu essen. Mir fiel auf, dass ich denselben jammernden Tonfall anschlug wie sie. Das klang nicht besonders schön. Schließlich ahmen Kinder ihre Eltern nach. Wenn wir wegen ihres Gemüses herumnörgeln, nörgeln sie genau deswegen (und wegen allem Möglichen anderen) zurück.

Joghurteis

Die Kinder glauben, sie bekommen einfach etwas Süßes, doch dieses Eis am Stiel hat weniger Kalorien und Fett als gekauftes Eis. Wenn Sie Himbeeren verwenden, brauchen Sie 75 g Puderzucker, weil Himbeeren so sauer sind.

Vorbereitung: 10 Minuten • Gefrierzeit: 2 Stunden • 8 Portionen

- **500 g fettarmer Joghurt**
- **500 g tiefgekühlte Beeren (Erdbeeren, Himbeeren, Heidelbeeren oder entsteinte Kirschen), in der Mikrowelle 1 Minute aufgetaut**
- **50–75 g Puderzucker**

Joghurt, Beeren und Zucker im Mixer oder in der Küchenmaschine zu einer glatten Masse pürieren. In Eisförmchen füllen und einfrieren.

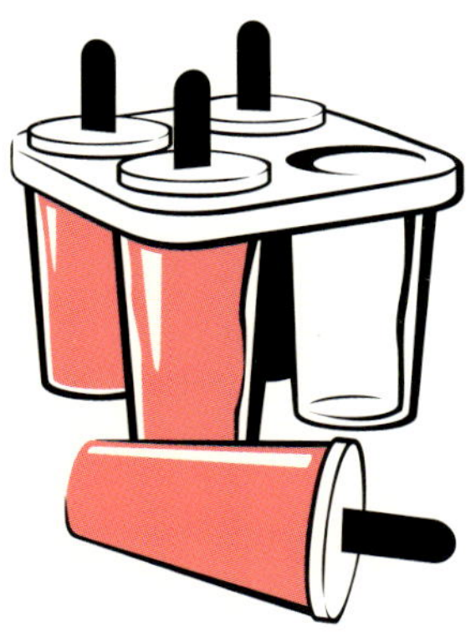

Joy: *Bei acht Portionen enthält jedes Eis nur 100 Kalorien und weniger als ein Gramm Fett. Kalziumreicher Joghurt stärkt Knochen und Zähne, und die Beeren liefern etwas antioxidatives Vitamin C für ein gesundes Immunsystem und gute Wundheilung.*

Gewürzkuchen

(MIT BROKKOLI UND MÖHRE)

Diesen Kuchen würden meine Kinder nicht anrühren, wenn sie wüssten, was da drin ist. Aber sie lieben ihn!

Vorbereitung: 15 Minuten • Insgesamt: 60 Minuten • 8–10 Stücke • Zum Mitnehmen

- **Fett für die Form**
- **125 g Weizenvollkornmehl**
- **150 g Weizenmehl**
- **1 TL Natron**
- **1 TL gemahlener Ingwer**
- **1 TL Zimt**
- **¼ TL gemahlene Nelken**
- **¼ TL Pimentpfeffer**
- **¼ TL Salz**
- **150 g brauner Zucker**
- **60 ml Maiskeimöl oder Pflanzenöl**
- **1 großes Ei**
- **250 ml Brokkolipüree**
- **125 ml Möhrenpüree**
- **125 g Naturjoghurt, fettarm**
- **60 ml Rübensirup**
- **2 TL Vanilleextrakt**
- **1 EL geriebene Orangenschale**

1 Ofen auf 190 °C vorheizen. Eine Kastenkuchenform von 22 × 11 cm mit Margarine oder Öl auspinseln.

2 Das Mehl in einer Schüssel mit dem Natron, Ingwer, Zimt, Nelken, Piment und Salz gut vermischen.

3 In einer zweiten großen Rührschüssel Zucker, Öl und Ei zu einer weichen Masse verrühren. Gemüsepürees, Joghurt, Sirup, Vanille und Orangenschale unterschlagen. Mehlmischung nach und nach dazugeben und zu einem glatten Teig verrühren

4 Den Teig in die Form gießen und glatt streichen. Etwa 45 bis 50 Minuten backen, bis ein Zahnstocher aus der Mitte des Kuchens sauber wieder herausgezogen werden kann. 5 Minuten in der Form abkühlen lassen, dann zum vollständigen Auskühlen auf ein Kuchengitter stürzen.

Jerry: *Auf Puderzucker bin ich total scharf.*

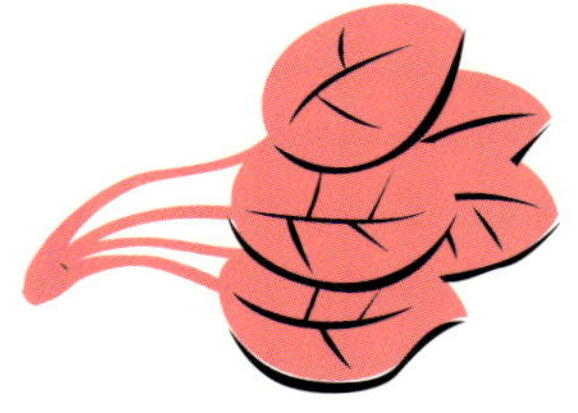

Haferriegel mit Beeren

(MIT SPINAT)

Süßes Knabberzeug mit Spinat! Die Riegel müssen vor dem Verzehr vollständig auskühlen, damit der Spinatgeschmack nicht mehr durchkommt.

Vorbereitung: 10 Minuten • Insgesamt: 50 Minuten • Ergibt 12 Riegel

- **Fett für die Form**
- **180 g kernige Haferflocken**
- **180 g Mehl**
- **100 g Zucker**
- **½ TL Zimt**
- **¼ TL Backpulver**
- **¼ TL Salz**
- **1 TL Vanilleextrakt**
- **135 g kalte Halbfettmargarine**
- **1 Glas Heidelbeerkonfitüre, zuckerreduziert**
- **125 ml Spinatpüree**

1 Ofen auf 190 °C vorheizen. Eine Backform von 20 × 20 cm mit Öl auspinseln.

2 Haferflocken, Mehl, Zucker, Zimt, Backpulver, Salz und Vanille gut verrühren.

3 Margarine hinzufügen und mit zwei Messern zügig unter die trockenen Zutaten arbeiten, bis die Mischung nicht mehr pulverig wirkt, sondern eher grobkörnig. Nicht zu lange mischen – es sollen noch Margarinestückchen zu sehen sein.

4 Etwa die Hälfte der Haferflockenmischung beiseitestellen, den Rest fest in die Form drücken. 13 bis 15 Minuten backen, bis die Ränder leicht braun werden, die Masse aber noch nicht ganz gebacken ist.

5 In der Zwischenzeit in einer Schale das Spinatpüree mit der Konfitüre verrühren.

6 Die Heidelbeermischung auf die vorgebackene Teigschicht streichen und dann mit der restlichen Haferflockenmischung bestreuen. 20 bis 25 Minuten weiterbacken, bis die Oberfläche leicht bräunt. Auf einem Kuchengitter vollständig auskühlen lassen, erst dann in 12 Riegel schneiden.

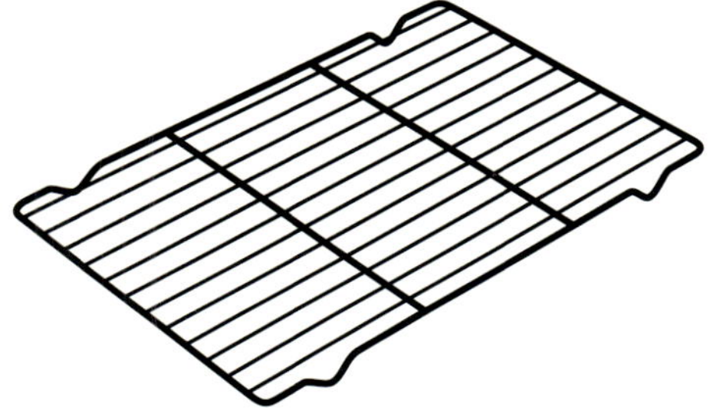

Schokomuffins mit Zuckerguss

Die Lieblingsmuffins von Julian. So lange die Muffins warm sind, ist die Avocado noch zu schmecken, also vor dem Verzehr vollständig abkühlen lassen.

Vorbereitung: 15 Min. • Insgesamt: 35 Min. • Ergibt 12 Muffins • Zum Mitnehmen

TEIG:

- **Fett für die Form**
- **250 ml Avocadopüree**
- **300 g Zucker**
- **250 ml fettarme Milch**
- **2 TL Vanilleextrakt**
- **½ TL Balsamico-Essig**
- **2 Eiweiß**
- **300 g Mehl**
- **55 g Kakao, ungesüßt**
- **1 TL Natron**
- **½ TL Salz**

GLASUR:

- **240 g fettarmer Frischkäse**
- **50 g Puderzucker**
- **60 ml Blumenkohlpüree**
- **2 EL Vanilleextrakt**
- **1 Messerspitze Salz**

1 Ofen auf 175 °C vorheizen. Eine 12er-Muffinform mit Öl oder Margarine auspinseln oder mit Papierförmchen auslegen.

2 Avocadopüree, Zucker, Milch, Vanille und Essig in einer großen Rührschüssel glatt rühren. Eiweiß nacheinander unterschlagen, bis es gerade eben verbunden ist.

3 Mehl, Kakao, Natron und Salz hinzufügen und zu einem glatten Teig verrühren. Den Teig auf die Förmchen verteilen. 15 bis 20 Minuten backen, bis die Oberfläche der Muffins leicht gebräunt ist und bei Berührung federt. Vor dem Glasieren auf einem Kuchengitter vollständig auskühlen lassen.

4 Für die Glasur alle Zutaten glatt rühren. Die kalten Muffins damit bestreichen.

5 Luftdicht verpackt sind die Muffins bei Zimmertemperatur maximal zwei Tage haltbar, tiefgekühlt bis zu einem Monat.

(ANDERE) MÜTTER KENNEN SICH AUS

(TEIL 3)

»Wenn es um Kinder und Gemüse geht, kommt es nur aufs Marketing an! Brokkoli mit einem grünen Dip heißen bei uns ›Zauberwald-Bäume mit Sumpfpampe‹. Spargelspitzen mit zerlassener Butter sind ›Prinzessinnen-Zauberstäbe in magischer Sauce‹. Wir Eltern müssen es einfach genau so machen wie die Fastfood-Ketten und die Hersteller von Frühstücksflocken.«

Elizabeth

MUTTER VON ISABEL, 8 JAHRE, UND CAROLINE, 6 JAHRE

»Wir mischen kalt gepresstes Leinöl in Haferbrei und alle möglichen Pürees und streuen Leinsamenschrot über Joghurt, Müsli und alles Knusprige. Außerdem gibt es bei uns Kekse mit Gerstenmehl und Ahornsirup – Hauptsache, die Kinder essen Vollkorn. Schon für die Babys haben wir braunen Reis püriert, damit sie den Geschmack kennen lernen. Tofu-Schokoladen-Kuchen ist ein Lieblingsgericht, und die Kinder essen auch Gemüsechili mit einem Tupfen Joghurt anstelle von saurer Sahne und Bio-Maischips zum Dippen.«

Familie Martin

2 KINDER, 3 JAHRE UND 1 JAHR

»Wenn Alex sich standhaft weigert, Gemüse oder andere gesunde Sachen zu essen, sage ich: ›Bitte, nimm wenigstens noch soundsoviel Löffel.‹ (Das sind manchmal 7, manchmal auch nur 4.) Manches Gemüse bestreue ich mit geriebenem Cheddar, und im Notfall machen wir vor jedem Bissen einen witzigen ›Erdbeertanz‹ (der Name des Tanzes richtet sich nach der Art des verhassten Essens). Erbärmlich, ich weiß!«

Elzy

MUTTER VON ALEX, 3 JAHRE, UND DANIEL, 1 JAHR

Schokoladenfondue

(MIT AVOCADO UND MÖHRE)

Kinder dippen gern. Probieren Sie es mit Knäckebrot, Apfel-schnitzen oder Erdbeeren – gesund und lecker!

Zubereitung: 5 Minuten • 4 Portionen

- **1 EL Margarine**
- **125 ml Avocadopüree**
- **60 ml Möhrenpüree**
- **100 g Puderzucker**
- **55 g Kakao, ungesüßt**
- **1 TL Vanilleextrakt**
- **Obstschnitze, ganze Beeren oder Kirschen zum Dippen**

Margarine bei schwacher Hitze in einem mittelgroßen Topf schmelzen. Avocado- und Möhrenpüree, Zucker, Kakao und Vanille hinzufügen und gut zu einer glatten Masse verrühren. Warm zu den Früchten servieren. Vollkornkekse passen auch gut.

Julian: Ich mach mir ein Schokoladensandwich mit Knäckebrot.
Sascha: Mach mir nicht alles nach!

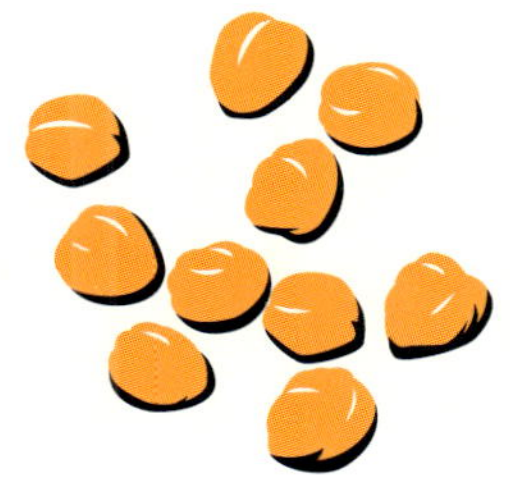

Tröpfchenkekse

Diese Kekse sind schnell gemacht, aber gehen Sie in Deckung vor fliegenden Kichererbsen! Eine offene Rührschüssel sollten Sie sicherheitshalber so weit wie möglich mit einem Geschirrtuch abdecken.

Vorbereitung: 20 Min. • Insgesamt: 35 Min. • Ergibt 24 Kekse • Zum Mitnehmen

- 100 g brauner Zucker
- 135 g Margarine
- 2 Eiweiß
- 2 TL Vanilleextrakt
- 1 Dose (400 g) Kichererbsen, abgespült und abgetropft
- 300 g Schokotröpfchen oder andere Stückchen Halbbitterschokolade
- 300 g Mehl
- 45 g kernige Haferflocken
- 1 TL Natron
- ¼ TL Salz

1 Ofen auf 375 °C vorheizen. Ein Backblech mit Backpapier auslegen.

2 In einer großen Rührschüssel Zucker und Margarine mit einem Holzlöffel oder auf mittlerer Stufe mit dem Handrührgerät glatt rühren. Eiweiß und Vanille unterschlagen, danach die Kichererbsen und die Schokolade. Mehl, Haferflocken, Natron und Salz hinzufügen und auf kleiner Stufe zu einem dickflüssigen Teig verarbeiten.

3 Je einen Esslöffel Teig auf das Backblech setzen, dabei etwa fünf Zentimeter Abstand lassen. Mit einer Gabel leicht platt drücken. 11 bis 13 Minuten backen, bis die Kekse goldbraun und gerade eben fest sind. Nicht zu lange backen! Auf einem Kuchengitter auskühlen lassen.

4 Im luftdicht verschlossenen Behälter sind diese Kekse maximal drei Tage haltbar.

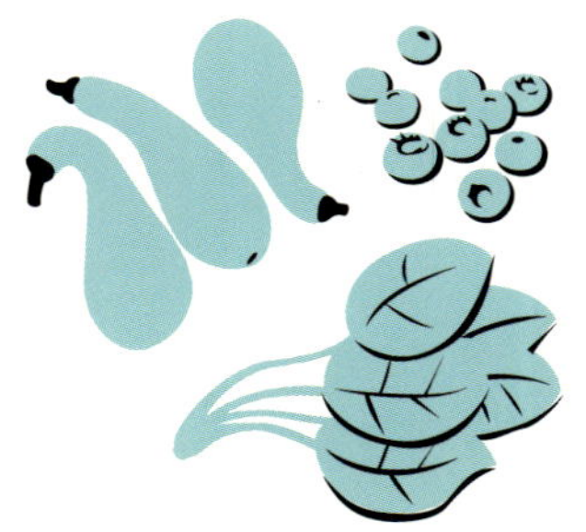

Käseküchlein mit Heidelbeeren

Kinder lieben die süße, cremige Überraschung in der Mitte

Vorbereitung: 10 Min. • Insgesamt: 35 Min. • Ergibt 12 Muffins • Zum Mitnehmen

FÜLLUNG:

- **120 g fettarmer Frischkäse**
- **35 g Puderzucker**
- **125 ml gelbes Zucchinipüree**
- **1 Eiweiß**
- **1 Messerspitze Salz**

TEIG:

- **200 g Zucker**
- **125 ml Magermilch**
- **125 ml pürierte Heidelbeeren**
- **125 ml Spinatpüree**
- **60 ml Maiskeim- oder Sonnenblumenöl**
- **150 g Mehl**
- **1½ TL Natron**
- **¼ TL Salz**

1 Ofen auf 175 °C vorheizen. Eine 12er-Muffinform fetten oder mit Papierförmchen auslegen.

2 Für die Füllung den Frischkäse mit Zucker, Zucchinipüree, Eiweiß und Salz in einer Schüssel glatt rühren. Beiseitestellen.

3 Für den Teig Zucker, Milch, Heidelbeer- und Spinatpüree und das Öl in eine große Schüssel geben und glatt rühren. Mehl, Natron und Salz hinzufügen und weiterrühren, bis alles gerade eben verbunden ist.

4 Die Hälfte der Teigmenge auf die Muffinformen verteilen. Jede Form sollte etwa zu einem Drittel gefüllt sein. In jede Form einen Esslöffel Füllung geben und mit dem restlichen Teig bedecken. 20 bis 25 Minuten backen, bis die Oberfläche leicht gebräunt ist und auf Druck federt. Auf einem Kuchengitter abkühlen lassen.

5 Luftdicht verschlossen bei Zimmertemperatur sind diese Muffins maximal zwei Tage haltbar, einzeln verschweißt und tiefgekühlt bis zu einem Monat.

Weitere Tipps für die Mahlzeiten

1 Eine Hand voll ist für ein hungriges Kleinkind eine normale Mahlzeit. Kleine Kinder sind sehr aktiv, und vielen fällt es schwer, bei Tisch sitzen zu bleiben, wenn der größte Hunger gestillt ist.

2 Ein voll gepackter Teller kann sehr einschüchternd wirken. Wenn Kinder kleine Portionen bewältigen, haben sie das Gefühl, etwas geschafft zu haben, und bitten lieber um einen Nachschlag. Ich verteile nur winzige Portionen und sehe gern zu, wie sie strahlend und aufgeregt selber nachnehmen.

3 Bestechung mit Süßigkeiten ist keine gute Lösung. Das steigert nur ihren Wert und ermuntert Kinder, Süßes mit emotionaler Belohnung gleichzusetzen.

4 Versuchen Sie, wenig Fast-Food anzubieten, aber meiden Sie auch Extreme. Verbotenes ist besonders attraktiv. Wenn es zum Nachtisch gesunde Sachen wie Schokoladen- oder Haferflocken-Rosinen-Kekse gibt, verlieren die Kinder bald das Interesse an dem, was sie nicht bekommen.

5 Eltern, die sich selbst gut ernähren und ausreichend bewegen, sind das beste Vorbild. So können die Kinder in eine gesunde Lebensweise hineinwachsen.

Zitronen-Himbeer-Muffins

Dieses Rezept kann man auch als Kuchen backen.

Vorbereitung: 15 Min. • Insgesamt: 40 Min. • Ergibt 12 Muffins oder 1 Kuchen

- **Fett für die Form oder Muffinförmchen**

FÜLLUNG:
- **35 g gefrorene Himbeeren (aufgetaut)**
- **2 EL Rote-Bete-Püree**
- **2 EL Puderzucker**
- **1 EL Margarine**

TEIG:
- **200 g Zucker**
- **125 ml Magermilch**
- **125 ml gelbes Zucchini- oder Sommerkürbispüree**
- **80 ml Maiskeim- oder Sonnenblumenöl**
- **2 Eiweiß**
- **2 EL Zitronensaft**
- **1 TL Zitronenextrakt**
- **300 g Mehl**
- **2 TL Backpulver**
- **¼ TL Salz**

ZUM DEKORIEREN (NACH BELIEBEN):
- **240 g fettarmer Frischkäse**
- **50 g Puderzucker**
- **1 TL Zitronenextrakt**

1 Ofen auf 175 °C vorheizen. Eine 12er-Muffinform mit Öl auspinseln oder mit Backförmchen auslegen.

2 Für die Füllung die Himbeeren mit Rote-Bete-Püree, Zucker und Margarine im Mixer pürieren. Beiseitestellen.

3 Für den Teig den Zucker in einer großen Schüssel mit Milch, Zucchinipüree, Öl, Eiweiß, Zitronensaft und Zitronenextrakt glatt rühren. Mehl, Backpulver und Salz hinzufügen und zu einem Teig verarbeiten.

4 Mit etwa der Hälfte des Teigs die Muffinformen zu einem Drittel füllen. Je einen Tupfen Himbeerfüllung daraufgeben und mit dem Rest des Teigs bedecken.

5 20 bis 25 Minuten backen (Kuchen: 45 Minuten), bis die Oberfläche der Muffins leicht gebräunt ist und bei Berührung federt. Auf einem Kuchengitter auskühlen lassen.

6 Die Zutaten für die Glasur gut aufschlagen und auf die abgekühlten Muffins streichen.

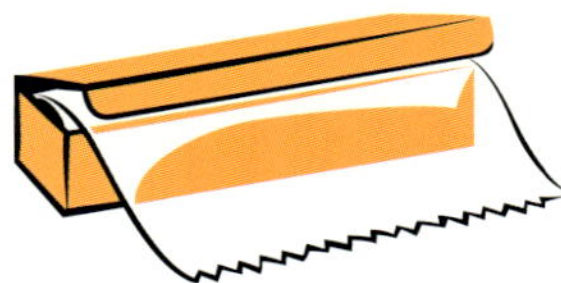

Sandwich-Eis

Ich wickele die Sandwiches in Butterbrotpapier, weil den Kindern das Auspacken Spaß macht und sie sich so auch besser einfrieren lassen. Sehr hübsch sieht es aus, wenn man das Sandwich-Eis am Rand in Kokosraspel taucht.

Vorbereitung: 5 Minuten • Insgesamt: 120 Minuten • Ergibt 8 Sandwiches

- **500 ml Magerjoghurt**
- **200 g Zucker**
- **250 ml Buttermilch**
- **2 EL Zitronensaft**
- **geriebene Schale von 1 Zitrone**
- **16 Vollkornbutterkekse**
- **Kokosraspel (nach Geschmack)**

1 Joghurt, Zucker, Buttermilch, Zitronensaft und Zitronenschale in einer großen Schüssel verrühren. In eine kleinere Schüssel füllen, abdecken und 1 bis 1½ Stunden einfrieren, bis die Masse einzudicken beginnt.

2 Jeweils etwa eine Kugel Eis zwischen zwei Kekse setzen, in Butterbrotpapier wickeln und etwa 30 Minuten einfrieren, bis das Eis fest wird.

3 Falls Sie Kokosraspel verwenden, ein wenig in einen Teller geben und die Sandwiches von allen Seiten kurz hineintauchen

Jerry: *Das wäre meine Henkersmahlzeit.*

Möhren-Muffins

Bei meinen Freundinnen sind diese Muffins so beliebt, dass wir sie nur ungern mit unseren Kindern teilen.

Vorbereitung: 10 Min. • Insgesamt: 35 Min. • Ergibt 12 Muffins • Zum Mitnehmen

- **Fett oder Papierförmchen für die Form**
- **100 g brauner Zucker**
- **4 EL Margarine**
- **250 ml Möhrenpüree**
- **125 ml Blumenkohlpüree**
- **1 großes Ei**
- **2 EL Orangensaftkonzentrat**
- **1 TL Vanilleextrakt**
- **55 g getrocknete Aprikosen, gehackt**
- **55 g Trockenpflaumen ohne Stein, gehackt**
- **300 g Mehl**
- **1 TL Backpulver**
- **1 TL Natron**
- **1 TL Zimt**
- **¼ TL Pimentpfeffer**

ZUM GARNIEREN (NACH BELIEBEN):

- **240 g fettarmer Frischkäse**
- **50 g Puderzucker**
- **2 EL Orangensaftkonzentrat**

1 Ofen auf 175 °C vorheizen. Eine 12er-Muffinform fetten oder mit Backförmchen auslegen.

2 In einer großen Schüssel Zucker und Margarine mit einem Holzlöffel weich rühren. Gemüsepürees, Ei, Orangensaftkonzentrat, Vanille und zuletzt Aprikosen und Pflaumen einrühren. Mehl, Backpulver, Natron, Zimt und Piment hinzufügen und rühren, bis die Zutaten gerade eben verbunden sind. Der Teig soll noch klumpig sein.

3 Teig auf die Formen verteilen. Etwa 12 bis 15 Minuten backen, bis die Muffins auf der Oberfläche leicht gebräunt sind und ein Zahnstocher sich aus der Mitte rückstandsfrei herausziehen lässt. Auf einem Kuchengitter abkühlen lassen.

4 Für die Glasur Frischkäse, Puderzucker und Orangensaftkonzentrat in einer Schüssel glatt rühren und auf die abgekühlten Muffins streichen.

5 Luftdicht verpackt sind die Muffins bei Zimmertemperatur maximal zwei Tage haltbar, einzeln verschweißt und tiefgekühlt bis zu einem Monat.

Sandkuchen

Zum Dekorieren eignet sich eine der Frischkäseglasuren aus den Muffinrezepten.

Vorbereitung: 5 Min. • Insgesamt: 30 Min. • Zum Mitnehmen

- **Fett und Mehl für die Form**
- **1 Backmischung für Sandkuchen (400 g)**
- **250 ml Kürbispüree**
- **60 ml Wasser**
- **2 EL Pflanzenöl**
- **2 große Eier**
- **1 Eiweiß**
- **180 g fettarmer Zitronen-, Bananen- oder Vanillejoghurt**

1 Ofen auf 175 °C vorheizen. Eine runde Kuchenform von 22 cm Durchmesser mit Fett auspinseln und leicht mehlen.

2 Backmischung in einer großen Rührschüssel mit Kürbispüree, Wasser, Öl, Eiern, Eiweiß und Joghurt in 1 bis 2 Minuten zu einem glatten Teig verrühren.

3 Teig in die Kuchenform gießen und etwa 20 Minuten backen, bis ein Zahnstocher sich rückstandsfrei aus dem Kuchen ziehen lässt.

Variante:

SCHOKOLADENKUCHEN:
Statt der Backmischung für Sandkuchen eine Mischung für Schokoladenkuchen wählen und den Fruchtjoghurt durch Naturjoghurt ersetzen. Wie oben backen.

Julian: *Bäckst du den zu meinem Geburtstag?*

Es geht ums Feiern, nicht um den Zucker

Ich finde, dass Zucker beim Feiern eine viel zu große Rolle spielt. Ich sehe mit an, wie meine Kinder ihre Zuckerschübe ausagieren und später zu Hause hundemüde sind. Ein Geburtstagskuchen gehört natürlich dazu, aber oft bekommen die Kinder auch noch Muffins, Kekse und Süßigkeiten. Mit etwas mehr Verständnis für den kindlichen Stoffwechsel würden wir vielleicht umdenken. Ich selbst habe von Dr. Roxana Mehran und Dr. Mehmet Oz (die für dieses Buch das Vorwort geschrieben haben) gelernt, was bei solchen Zuckerorgien im Körper unserer Kinder vorgeht. Und das ist erschreckend.

Hier meine Vorschläge für leckere Geburtstagskuchen mit gesundem Gemüse:

1 Schokoladentorte (siehe Seite 194)

2 Schokomuffins (siehe Seite 172)

3 Sandkuchen (siehe Seite 186)

Anstelle von Süßigkeiten können Sie Tattoos, kleine Ringe oder Gummibälle als kleine Geschenke austeilen. Im Partybedarf gibt es so etwas in größeren Mengen, und es kostet sogar weniger als Zuckerzeug.

Heiße Schokolade

Der vertraute Geschmack des Schokoladensirups übertüncht hier das Süßkartoffelmus. Doch es ist genau das Mus, das dieses Getränk schön dick und cremig macht.

Vorbereitung: 5 Minuten • Insgesamt: 5 Minuten • 2 große Tassen

- **310 ml fettarme Milch**
- **125 ml Süßkartoffelpüree**
- **2 EL Schokoladensirup**
- **1 Messerspitze Salz**
- **1 Messerspitze Zimt**
- **Minimarshmallows zum Anrichten**

Alle Zutaten bis auf die Marshmallows in einem Mixer glatt verrühren. In einen Topf gießen und zum Sieden bringen. In Tassen gießen und mit Marshmallows garnieren.

Kaltschale

(MIT HIMBEEREN, ANANAS UND MÖHRE)

Schmeckt eigentlich viel zu gut, um gesund zu sein.

Vorbereitung: 5 Minuten • Insgesamt: 5 Minuten • 4 Portionen

- **500 ml pürierte Himbeeren**
- **250 ml pürierte Ananas**
- **125 ml Möhrenpüree**
- **500 ml kaltes Wasser**
- **50 g Zucker**
- **Eiswürfel zum Anrichten**

Alle Zutaten bis auf die Eiswürfel in einem Mixer oder in der Küchenmaschine gleichmäßig verrühren. Eiswürfel in Punschgläser geben und die Kaltschale darübergießen.

Marshmallows zum Knabbern

Naturreis und Leinsamen geben dieser Süßigkeit mehr Nährwert.

Zubereitung: 10 Minuten • Ergibt 8 große Würfel • Zum Mitnehmen

- **Fett für die Form**
- **1 EL Margarine**
- **280 g Minimarshmallows (1 Tüte)**
- **700 g braune Reispops**
- **40 g gemahlener Leinsamen**

1 Eine Backform von 10 × 10 cm fetten

2 Die Margarine in einem großen Topf bei schwacher Hitze schmelzen lassen. Dann die Marshmallows hinzufügen und rühren, bis sie ganz geschmolzen sind. Den Topf vom Herd nehmen.

3 Reispops und Leinsamen hinzufügen und rühren, bis der Reis gut mit der Marshmallowmasse überzogen ist. Die Mischung in die Form füllen, abkühlen lassen und danach in Würfel schneiden.

Sascha: *Die können wir beim Schulfest verkaufen.*

Engelmuffins

Diese Küchlein sind so himmlisch leicht und luftig, dass ich auf das Glasieren häufig verzichte.

Vorbereitung: 15 Min. • Insgesamt: 35 Min. • Ergibt 12 Muffins • Zum Mitnehmen

- 5 Eiweiß
- ¾ TL Weinsteinbackpulver
- ¼ TL Salz
- 75 g Mehl
- 100 g Zucker
- 60 ml gelbes Zucchini- oder Sommerkürbispüree
- 1 TL Zitronenextrakt
- 1 TL geriebene Zitronen- oder Orangenschale

GLASUR (NACH BELIEBEN):
- 240 g fettarmer Frischkäse
- 125 ml Möhrenpüree
- 2 EL Orangensaftkonzentrat
- 1 Messerspitze Salz

1 Ofen auf 175 °C vorheizen. Eine 12er-Muffinform mit Papierförmchen auslegen.

2 Eiweiß, Backpulver und Salz in eine Rührschüssel geben und mit dem Elektromixer 4 bis 5 Minuten aufschlagen, bis das Eiweiß sein Volumen verdoppelt hat und feste Zipfel entstehen. Mehl, Zucker, Zucchinipüree, Zitronenextrakt und -schale hinzufügen und alle Zutaten mit einem Teigschaber vorsichtig unter das Eiweiß heben, bis die Masse sich gerade eben verbindet.

3 Den Teig gleichmäßig in die Förmchen verteilen und backen, bis die Oberfläche der Muffins leicht bräunt und bei Berührung federt. Auf einem Kuchengitter abkühlen lassen.

4 Alle Zutaten für die Glasur glatt rühren und die kalten Muffins damit bestreichen.

5 Luftdicht verpackt bei Zimmertemperatur sind die Muffins maximal zwei Tage, einzeln verschweißt und tiefgekühlt bis zu einem Monat haltbar.

Schokoladentorte

Ein verführerisches, traditionelles Rezept, in das nur ein kleines bisschen Rote Bete gemogelt ist. Hervorragende Alternative zum herkömmlichen Geburtstagskuchen!

Vorbereitung: 15 Min. • Insgesamt: 55 Min.

TEIG:

- **Fett für die Form**
- **200 g brauner Zucker**
- **60 ml Maiskeimöl oder 45 g Margarine**
- **1 großes Ei**
- **2 Eiweiß**
- **85 g Halbbitter- oder Zartbitterschokolade (5–6 Rippen), im Wasserbad geschmolzen und abgekühlt**
- **125 ml Rote-Bete-Püree**
- **125 ml Buttermilch**
- **1 TL Vanilleextrakt**
- **300 g Mehl**
- **1 TL Natron**
- **¼ TL Salz**

FÜLLUNG UND GLASUR:

- **240 g fettarmer Frischkäse**
- **80 g Puderzucker**
- **55 g Kakaopulver, ungesüßt**
- **1 EL Vanilleextrakt**

1 Ofen auf 175 °C vorheizen. Eine Springform von 22 cm Durchmesser fetten.

2 Zucker und Öl oder Margarine in einer großen Rührschüssel cremig schlagen. Nacheinander das Ei und die Eiweiße hinzufügen und jedes Mal zwischendurch gut aufschlagen. Geschmolzene Schokolade, Rote-Bete-Püree, Buttermilch und Vanille unterrühren.

3 Mehl, Natron und Salz hinzufügen und gleichmäßig unterrühren.

4 Den Teig in die Form gießen und 35 bis 40 Minuten backen. Den Kuchen 5 Minuten in der Form abkühlen lassen, erst dann zum vollständigen Auskühlen auf ein Kuchengitter stürzen.

5 In der Zwischenzeit den Frischkäse mit Puderzucker, Kakao und Vanille glatt rühren. Den kalten Kuchen horizontal durchschneiden. Etwa ein Drittel der Füllung zwischen beide Hälften streichen, mit dem Rest die Torte von außen glasieren.

6 Im luftdicht verschlossenen Behälter im Kühlschrank bis zu vier Tage haltbar.

Knusprige Haferflocken-Rosinen-Kekse

(MIT BANANE UND ZUCCHINI)

Das sind Jerrys Lieblingskekse.

- **125 g Weizenvollkornmehl**
- **90 g kernige Haferflocken**
- **1 TL Natron**
- **½ TL Salz**
- **¼ TL Zimt**
- **150 g brauner Zucker**
- **150 g kalte Margarine**
- **125 ml Bananenpüree**
- **125 ml Zucchinipüree**
- **1 Eiweiß**
- **90 g Rosinen**
- **50 g gehackte Walnüsse (nach Belieben)**

1 Ofen auf 175 °C vorheizen (Ober- und Unterhitze). Zwei Backbleche mit Backpapier auslegen. Mehl, Haferflocken, Natron, Salz und Zimt in einer Schüssel gut verrühren.

2 Zucker und Margarine in einer großen Schüssel mit einem Holzlöffel schlagen, bis sie gerade eben verbunden sind, nicht länger. (Kein Handrührgerät verwenden, sonst werden die Kekse zäh!) Bananen- und Zucchinipüree sowie Eiweiß hinzufügen und kurz unterziehen. Mehlmischung, Rosinen und nach Belieben Walnüsse unterrühren.

3 Je einen Esslöffel Teig auf das Backblech setzen, dabei einen Fingerbreit Abstand lassen. In 12 bis 15 Minuten auf der untersten Schiebeleiste goldbraun backen. Kekse 5 Minuten auf dem Backblech abkühlen lassen, bis sie so fest sind, dass man sie auf ein Kuchengitter setzen kann.

Jerry: *Jessica dachte mal, wir hätten einen Waschbären im Haus. Dabei habe ich nur ein paar Kekse geknabbert.*

Muffins mit Schokotropfen

Eine nahrhafte Leckerei nach der Schule oder zum Kaffee.

Vorbereitung: 10 Min. • Insgesamt: 35 Min. • Ergibt 12 Muffins • Zum Mitnehmen

Fett oder Backförmchen für die Form

- 55 g Dörrpflaumen oder Datteln
- **100 g brauner Zucker**
- **100 g Margarine**
- **180 ml Buttermilch**
- **150 g Schokotröpfchen, Halbbitter**
- **1 Eiweiß**
- **2 TL Vanilleextrakt**
- **250 g Weizenvollkornmehl oder**
  300 g Mehl
- **1 TL Backpulver**
- **1 TL Natron**
- **½ TL Salz**
- **60 g geröstete Weizenkeime**

1 Ofen auf 175 °C vorheizen. Eine 12er-Muffinform mit Fett auspinseln oder mit Backförmchen auslegen.

2 Die Pflaumen oder Datteln mit 60 ml heißem Wasser sehr fein pürieren.

3 Zucker und Margarine in einer großen Schüssel mit einem Holzlöffel cremig schlagen. Buttermilch, Schokotröpfchen, Pflaumen- oder Dattelpüree, Eiweiß und Vanille unterrühren.

4 Mehl, Backpulver, Natron und Salz hinzufügen und rühren, bis der Teig sich gerade eben verbindet. Er soll noch klumpig sein.

5 Den Teig auf die Muffinformen verteilen und mit Weizenkeimen bestreuen 20 bis 25 Minuten backen, bis die Oberfläche der Muffins leicht bräunt und ein Zahnstocher sauber aus der Mitte wieder herauskommt. Auf einem Kuchengitter abkühlen lassen.

6 Luftdicht verschlossen bei Zimmertemperatur sind die Muffins maximal zwei Tage haltbar, einzeln verschweißt und tiefgekühlt bis zu einem Monat.

Zeit sparen

Vorgefertigte Lösungen erleichtern das Leben!

1 Wenn die Zeit drängt, greife ich oft zu Tiefkühlgemüse. Achten Sie aber darauf, dass kein Zucker oder sonstige Zusätze darin sind.

2 Fertig geputztes Gemüse ist teurer, aber für Pürees prima geeignet (zum Dippen nehme ich lieber frisches). Es muss nach dem Kauf nur rasch verbraucht werden, weil es wesentlich schneller verdirbt als Frischgemüse.

3 Sie können Ihre Pürees auch zu Fertigsaucen und Backmischungen geben. Dabei sollte man jedoch die Püreemenge in kleinen Mengen hinzufügen und immer wieder abschmecken, um den passenden Geschmack für die eigene Familie zu ermitteln.

Bananencremekuchen

(MIT CANTALOUPE- ODER GALIA-MELONE UND GELBER ZUCCHINI)

Dieser Kuchen ist bei Groß und Klein gleichermaßen beliebt. Ich serviere ihn gern gefroren.

Vorbereitung: 20 Min. • Insgesamt: 75 Min. (mit Kühlzeit 3 Stunden) • 8 Portionen

- **250 ml Püree aus Cantaloupe- oder Galia-Melone (das Fruchtfleisch ist gelb oder orange)**
- **125 ml gelbes Zucchinipüree oder Milch**
- **2 Päckchen Bananencremespeise (ohne Kochen)**
- **60 ml Wasser**
- **200 g Vollkorn-Butterkekse**
- **100 g Margarine**
- **2 große Bananen**
- **125 g frische Himbeeren**
- **8 Spitzen frische Minze (nach Belieben)**

1 Melonenpüree mit Zucchinipüree oder Milch verrühren, Cremepulver und Wasser unterrühren und 3 Minuten auf höchster Stufe aufschlagen.

2 Die Butterkekse in eine Tüte geben und mit einem Nudelholz fein zerreiben. Mit der Margarine verkneten und auf Boden und Rand einer runden Kuchenform (22 cm) drücken.

3 Eine Banane in feine Scheiben schneiden und den Kuchenboden damit belegen. Die Creme über die Bananenscheiben gießen und glatt streichen. Abdecken und etwa 3 Stunden im Kühlschrank fest werden lassen oder für 90 Minuten ins Gefrierfach stellen.

4 Direkt vor dem Servieren nach Geschmack mit Himbeeren, Bananenscheiben und Minzeblättchen dekorieren.

DAS ABC DER ERNÄHRUNG

Vitamine

Vitamine sind chemische Substanzen, die der Körper benötigt, um zu wachsen und zu funktionieren. Wir nehmen Vitamine aus pflanzlichen und tierischen Nahrungsmitteln auf. Wenn wir nicht genug (oder zu viele) Vitamine bekommen, können wir krank werden.

VITAMIN A ist wichtig für gesunde Augen und das Sehvermögen bei Nacht. Es unterstützt das Wachstum von Knochen und Zähnen und eine gesunde Haut. (Am besten ist die Aufnahme in Form von Betakarotin, einem Nährstoff, der in orangefarbenem und grünem Gemüse vorkommt und vom Körper nach Bedarf in Vitamin A umgewandelt wird). Gute Quellen für Vitamin A in Form von Betakarotin sind:

- Orangefarbenes Gemüse wie Möhren, Süßkartoffeln, Butternut-Kürbis, Gartenkürbis und Aprikosen
- Dunkelgrünes Blattgemüse

Empfohlene Tagesmenge

- 1 bis 3 Jahre: 300 Mikrogramm
- 4 bis 8 Jahre: 400 Mikrogramm
- 9 bis 13 Jahre: 600 Mikrogramm

VITAMIN B$_6$ ist wichtig zur Herstellung von Hormonen, Enzymen und Hämoglobin (rote Blutkörperchen) im Blut. Außerdem unterstützt es die Bildung von Antikörpern und Insulin und die normale Gehirnfunktion. Gute Quellen sind:

- Angereicherte Frühstücksflocken
- Hülsenfrüchte
- Gemüse
- Bananen
- Eier
- Fleisch (Rind, Schwein und Huhn)

Empfohlene Tagesmenge

- Kinder bis 3 Jahre: 0,5 Milligramm
- 4 bis 8 Jahre: 0,6 Milligramm
- 9 bis 13 Jahre: 1 Milligramm

VITAMIN B$_{12}$ trägt zur Bildung von Hämoglobin (rote Blutkörperchen) bei und unterstützt die Gesundheit der Nervenzellen. Es wird auch für die Bildung der DNA benötigt. Gute Quellen sind:

- Fisch
- Schalentiere
- Fleisch
- Milchprodukte

Empfohlene Tagesmenge

- Kinder bis 3 Jahre: 0,9 Mikrogramm
- 4 bis 8 Jahre: 1,2 Mikrogramm
- 9 bis 13 Jahre: 1,8 Mikrogramm

FOLSÄURE wird für das Wachstum und die Versorgung aller Zellen benötigt. Außerdem trägt es zur Bildung roter Blutkörperchen und der DNA bei. Folsäure steckt in:

- Dunkelgrünem Blattgemüse
- Avocados
- Rote Bete
- Brokkoli
- Orangensaft
- Erdbeeren

Empfohlene Tagesmenge

- 1 bis 3 Jahre: 150 Mikrogramm
- 4 bis 8 Jahre: 200 Mikrogramm
- 9 bis 13 Jahre: 300 Mikrogramm

VITAMIN C unterstützt die Funktion der Immunzellen. Außerdem ist es an der Bildung von Kollagen, der Erhaltung des Gewebes und der Wundheilung beteiligt. Gute Quellen sind:

- Rote, grüne und gelbe Paprika
- Erdbeeren
- Orangen und Grapefruits
- Brokkoli
- Rosenkohl

Empfohlene Tagesmenge

- 1 bis 3 Jahre: 15 Milligramm
- 4 bis 8 Jahre: 25 Milligramm
- 9 bis 13 Jahre: 45 Milligramm

VITAMIN D unterstützt die Aufnahme von Kalzium und ist wichtig für starke Knochen und Zähne. Gute Quellen sind:

- Milch
- Eigelb
- Wildlachs (frisch oder eingelegt), Sardinen und anderer fetter Fisch

Empfohlene Tagesmenge

- Kinder und Jugendliche brauchen 5 Mikrogramm

VITAMIN E ist ein Antioxidans, das zum Schutz gesunder Zellen vor Schädigungen beiträgt. Es ist außerdem für gesunde rote Blutkörperchen wichtig. Gute Quellen sind:

- Pflanzenöl
- Avocados
- Nüsse
- Samen und Kerne
- Weizenkeime

Empfohlene Tagesmenge

- Kinder bis 3 Jahre: 3 Milligramm
- 4 bis 8 Jahre: 7 Milligramm
- 9 bis 13 Jahre: 11 Milligramm

VITAMIN K ist besonders bekannt für die Unterstützung der Blutgerinnung nach Verletzungen. Es steckt in:

- Rübenblättern
- Brokkoli
- Grünkohl
- Spinat
- Weißkohl
- Spargel
- Tiefgrünem Salat

Empfohlene Tagesmenge

- Kinder bis 3 Jahre: 30 Mikrogramm
- 4 bis 8 Jahre: 55 Mikrogramm
- 9 bis 13 Jahre: 60 Mikrogramm

Mineralstoffe

Zu den wichtigsten Mineralstoffen für Kinder zählen Eisen und Kalzium, aber auch Kalium sollte man im Auge behalten.

EISEN spielt beim Sauerstofftransport eine Schlüsselrolle. Wenn Ihr Kind Fleisch isst (Rind, Schwein, Geflügel, aber auch Schalentiere und Eier), sind Sie auf der sicheren Seite, denn Eisen aus tierischen Quellen (das so genannte Häm-Eisen) wird leichter aufgenommen als Eisen aus Pflanzen (Nicht-Häm-Eisen). Wenn ein Kind Fleisch ablehnt, kann es über Bohnen, Nüsse, Kerne, angereicherte Frühstücksflocken und sogar Rosinen und Spinat genügend Eisen bekommen. Die Anreicherung einer Mahlzeit mit Vitamin C (aus Paprika, Tomaten und Tomatensauce, Kartoffeln, Erdbeeren, Brokkoli und Zitrusfrüchten) erleichtert die Aufnahme von Eisen aus der Nahrung.

Empfohlene Tagesmenge

- 1 bis 3 Jahre: 7 Milligramm
- 4 bis 8 Jahre: 10 Milligramm
- 9 bis 13 Jahre: 8 Milligramm

KALZIUM ist unerlässlich für die Gesundheit der Knochen, trägt aber auch zur optimalen Muskelfunktion und zur Regulierung des Blutdrucks bei.

Empfohlene Tagesmenge

- 1 bis 3 Jahre: 500 Milligramm
- 4 bis 8 Jahre: 800 Milligramm
- 9 bis 13 Jahre: 1 300 Milligramm

KALIUM reguliert den Blutdruck und ist wichtig für ein gesundes Herz.

MAGNESIUM unterstützt die Regulierung des Blutzuckerspiegels und eine gesunde Herzfunktion.

Antioxidantien

Antioxidantien umfassen viele unterschiedliche Substanzen, zum Beispiel die Vitamine C und E, das Mineral Selen und Karotinoide (das bekannteste Karotinoid ist Beta-Karotin, das u.a. in Möhren vorkommt und vom Körper in Vitamin A umgewandelt wird). Antioxidantien sind beteiligt, wenn der Körper seine gesunden Zellen vor einer Schädigung durch so genannte „freie Radikale" bewahrt. Dadurch helfen sie nachweislich, Krebs und Herzerkrankungen vorzubeugen.

Jessica Seinfeld, Mutter von drei Kindern und Ehefrau des international bekannten Komikers Jerry Seinfeld, hatte die Nase voll von zähen Gemüse-streitereien bei Tisch. Nach dem Motto »Was ich nicht weiß, macht mich nicht heiß« entwickelte sie gesunde Varianten für die Lieblingsrezepte ihrer Kinder. Sascha, Julian und Shephard lieben die Sachen, die ihre Mutter ihnen kocht und zubereitet.

Dank

Allen, die dieses Buch besser gemacht haben, als ich allein es geschafft hätte – nämlich Stephanie Lyness, die Köchin Jennifer Iserloh, Lia Ronnen, Joy Bauer und die Ärzte Dr. Mehmet Oz und Dr. Roxana Mehran, danke ich von ganzem Herzen. Ihre Beiträge zu diesem Buch sind von unschätzbarem Wert. Besonders Stephanie Lyness hat mich mit ihrer Fähigkeit, meine Arbeit auszuformulieren, zu organisieren und zu straffen, die ganze Zeit am Leben erhalten. Die wunderbare Köchin Jennifer hat mit mir zusammen geduldig endlose Male unsere Rezepte getestet, bis sie familienfreundlich waren, Joy Bauers Vorgaben entsprachen und obendrein noch köstlich schmeckten. Meine Projektmanagerin Lia Ronnen, hat jeden Schritt bei der Entstehung dieses Buches mit mir durchgemacht und nie ihr Lächeln verloren. Zusammen mit Charlie Melcher, Art Director Paul Kepple von Headcase Design, der Fotografin Lisa Hubbard und dem Zeichner Steve Vance hat sie eine Meisterleistung vollbracht, damit dieses Buch in der vorliegenden, hinreißend schönen und benutzerfreundlichen Ausgabe erscheinen konnte.

Ohne die spontane Begeisterung von Elizabeth Wiatt und Jennifer Rudolph Wash für meine Idee wäre dieses Buch vielleicht nie entstanden. Bei Jane Friedman, Joe Tessitore und Kathryn Huck sowie dem Team bei HarperCollins fand es dann glücklich seine Heimat.

Ohne meine Familie und meine Freunde wäre dieses Buch unvorstellbar.

Meine lieben Kolleginnen bei Baby Buggy, insbesondere Claudia Fleming, haben mir eine kleine Auszeit ermöglicht, in der ich mich ganz auf die Rezepte und auf das Schreiben konzentrieren konnte.

Elizabeth Clark Zoia, Tom Keaney, Steven Rubenstein, Ricky Strauss, Rich Ross, Hal Petri, Martha Lebron, Sofija Sefa, Rosie Aquino, Ricardo Souza, Kate Fenneman, Dr. Pat Schimm, Dr. Jean Mandelbaum und Dr. Barbara Landreth werde ich für ihre unablässige Unterstützung ewig dankbar sein.

Außerdem danke ich Eric Zohn, Lee Eastman, Cara Stein und Rachel Nagler.

Ellen Rakieten, Tina Sharkey, Alexandra Wentworth, Ally Lieberman, Rain Kramer, Sarah Easley, Courtney Denaro, Stefani Greenfield, SJP, und Carolyn Liebling gilt mein tief empfundener Dank für ihre unendliche Liebe und Freundschaft.

Wie immer möchte ich meinen unbeschreiblichen Dank an meine Großmutter, Eleanor Furman, meine Eltern Ellen und Karl Sklar und meine Schwestern Rebecca Shalam und Elzy Wick in Worte fassen. Aber auch an meinen geliebten Mann und an Sascha, Julian und Shepherd. Ich hoffe, dieses Buch erinnert euch daran, wie sehr ich euch liebe, von Kopf bis Fuß und von innen und außen.

Schlussendlich muss ich leider die weise Voraussicht von Chris Rock anerkennen, der vor Jahren bereits zu mir sagte: »Na, wenn du jetzt mit einem berühmten Mann verheiratet bist, ist das Kochbuch ja nur eine Frage der Zeit.«

– *Jessica Seinfeld*